# DISCIPLINA
# CON AMOR EN EL AULA

## Tocando el corazón de tus alumnos

### Rosa Barocio

## EL LIBRO MUERE CUANDO LO FOTOCOPIAN

❧

Título de la obra: *Disciplina con amor en el aula*

COORDINACIÓN EDITORIAL: Matilde Schoenfeld
PORTADA: Víctor M. Santos Gally
DIAGRAMACIÓN: Ediámac

© 2013 Editorial Pax México, Librería Carlos Cesarman, S.A.
      Av. Cuauhtémoc 1430
      Col. Santa Cruz Atoyac
      México DF 03310
      Tel. 5605 7677
      Fax 5605 7600
      www.editorialpax.com

Primera edición
ISBN 978-968-9346-22-5
Reservados todos los derechos
Impreso en México / *Printed in Mexico*

A todos los maestros que aman su profesión

Mi profundo agradecimiento a todos los maestros
y amigos que contribuyeron con sus anécdotas
y vivencias y, en especial, a Gloria Ugalde
por su apoyo y dedicación.

¡Gracias por ayudarme a enriquecer este trabajo!

# ÍNDICE

## SOY MAESTRO Y HAGO UNA DIFERENCIA EN LA VIDA DE MIS ALUMNOS

Yo elijo si...

| | |
|---:|:---|
| Intereso | . . . o aburro |
| Tomo en cuenta | . . . o ignoro |
| Sensibilizo | . . . o deshumanizo |
| Animo | . . . o desaliento |
| Fortalezco | . . . o debilito |
| Respeto | . . . o humillo |
| Comprendo | . . . o ridiculizo |
| Elevo | . . . o aplasto |
| Sano | . . . o lastimo |
| Apoyo | . . . o  avergüenzo |
| Doy confianza | . . . o atemorizo |
| Honro | . . . o menosprecio |
| Dignifico | . . . o denigro |

Yo puedo hacerle la vida miserable al alumno
o tocar su corazón e inspirarlo para ser una mejor persona.
Esta es mi elección cada vez que estoy frente a él.

# Introducción

Soy maestra y he tenido la intención de escribir este libro desde hace muchos años porque deseo alentar a todos los que eligen esta vocación. A los que inician su carrera y a los veteranos. Porque muchos empiezan optimistas, con mucha energía y verdaderas ganas de servir. Pero con el pasar de los años se van desgastando y el tedio de lo cotidiano y el cansancio empiezan a erosionar su entusiasmo y el placer de enseñar. Ser maestro se convierte en una chamba, un trabajo con el cual cumplir, y las lecciones que en otros tiempos prepararon con entusiasmo, ahora las repiten sin aliento. Pierden el brillo y la alegría con la que iniciaron y sus pisadas, que en su momento fueron ligeras y dinámicas, ahora se tornan pesadas.

Es mi deseo alentarte, porque ser maestro no es fácil. Periódicamente hay que hacer un alto y recordarnos cómo y porqué decidimos ser maestros; si no, abandonamos la profesión o terminamos como muchos, enseñando por inercia las mismas clases tediosas y aburridas que a los alumnos no les queda otra que soportar.

## La decisión de ser maestro

Te invito a que te detengas y recuerdes: ¿cuándo decidiste ser maestro? ¿Qué edad tenías? ¿Dónde te encontrabas? Yo recuerdo perfectamente el día en que estando en tercero de secundaria me preguntó el maestro de química, a quien yo admiraba muchísimo, qué deseaba estudiar al terminar la preparatoria.

Cuando le respondí que quería ser educadora, me miró decepcionado y para mi sorpresa me respondió: "Pero, Rosa, ¡tú tienes más capacidad que eso!"

Un comentario sencillo pero con un impacto muy significativo, pues a partir de ese momento descarté la idea de ser maestra y al terminar la preparatoria inicié varias carreras que dejé inconclusas. Me casé y el siguiente verano que necesitaba dinero decidí poner una escuela de verano para niños. Me gustó tanto que comencé mis estudios como educadora e inicié un jardín de niños. Fue así que regresé nuevamente a lo que es mi verdadera vocación: la educación.

Algunos tomamos de forma consciente la decisión de ser maestros, mientras otros llegamos por accidente, de forma indirecta, como fue mi caso, por la puerta trasera. Quizás porque empezaste supliendo a algún maestro, aprovechaste una vacante o "heredaste" el trabajo. Pero lo importante es que si ya estás enseñando puedas hacer un alto y preguntarte: ¿cómo puedo ser, no un maestro ordinario, sino uno extraordinario? Porque cualquiera se puede llamar maestro y ser sólo un divulgador de información, un entretenedor o un cuidador de niños. Pero ser un maestro extraordinario requiere, como lo dice la palabra, algo extra. ¿Y qué es eso extra? Ese extra es el esfuerzo que necesitamos hacer para dar lo mejor de nosotros mismos. Requiere estar despiertos y conscientes para poder acompañar a los alumnos en su proceso de maduración y guiarlos siendo un motivo de inspiración para que ellos también quieran ser más.

Ser un maestro consciente no es fácil. Nunca lo ha sido, pero en esta época el maestro enfrenta una situación por demás compleja. De ser pilares de la sociedad en donde se consideraba un honor ser maestro, ahora vivimos algo muy distinto.

Le dice la madre al hijo que quiere dejar la escuela: "Hijo, si no quieres estudiar, por lo menos estudia para ser maestro".

•

"¿Qué carrera quieren estudiar?" pregunta el padre a los amigos de su hijo. Cada uno a su vez responde: "Ingeniería, leyes, medicina, administración, filosofía…" El padre interrumpe: "¿Cómo que filosofía, acaso quieres terminar siendo maestro?"

Escuchar esto duele. Sí, duele darnos cuenta que, de compartir hace 100 años un lugar de prestigio con el sacerdote y el gobernante, en donde el nombre "maestro" era dicho con respeto y reverencia, ahora nos encontramos en el peldaño más bajo de la sociedad. Algunos maestros se victimizan culpando a los demás, pero la verdad es que somos los maestros los responsables de la realidad que nos hemos creado. Y ¿cómo es que hemos llegado a esta situación? ¿A qué se debe?

Para responder es necesario revisar los cambios que ha sufrido nuestra sociedad en las últimas décadas y entender el impacto que han tenido en la educación y en el papel que juega el maestro. Si como maestros deseamos recuperar nuestra dignidad y que nuestro trabajo sea otra vez valorado como lo más importante en la vida de las siguientes generaciones, tenemos que reavivar el fuego de la pasión que nos llevó a decidir ser maestros, redescubrir la incesante fuente de oportunidades que nos ofrece el contacto diario con los alumnos y entrar nuevamente en contacto con nuestra vocación, la vocación de servir para formar a la juventud.

Cuando hablo en mis conferencias a maestros, siempre les digo que tienen el mejor trabajo del mundo. Y lo digo porque estoy convencida de que así es. El mejor trabajo porque requiere estar continuamente revaluándonos. Porque exige que demos lo mejor de nosotros mismos. Porque demanda paciencia, tolerancia, comprensión, aceptación y amor.

Ser un maestro es un privilegio. Tenemos que honrar nuestra vocación viviendo con integridad, carácter y humildad para que nuestros alumnos quieran emularnos. Para que nos admiren por nuestro deseo de querer ser mejores personas y, de esa manera, los alentemos para que superen sus debilidades.

La transformación de la sociedad depende de nosotros. Depende de lo que sembremos en los alumnos que pasan por nuestras manos, porque podemos contribuir a seguir perpetuando una sociedad egoísta, materialista, manipuladora y violenta o animarlos a transformarla en un mundo justo, compasivo y amoroso. Un mundo permeado de esperanza, alegría y gratitud.

A pesar de tener muy claro mi deseo de escribir este libro, tardé mucho en empezarlo. Temía no cumplir con las expectativas que tengo de ayudarlos a crecer en conciencia a través de tocar sus corazones y sensibilizarlos para que traten mejor a los alumnos y sean mejores maestros. Para que sean, en todo el sentido de estas palabras, maestros conscientes.

Iniciaré este libro analizando el cambio familiar del acercamiento autoritario al permisivo para comprender su efecto en el ámbito educativo. Este cambio ha creado un descontrol en las escuelas donde los métodos antiguos de disciplinar ya no funcionan y los maestros se encuentran en una especie de "limbo" donde no saben qué hacer. Se dan cuenta de que hay que encontrar nuevas formas pero ante el temor de repetir los viejos patrones autoritarios, se quedan paralizados y los alumnos toman la delantera. Es así como las escuelas se ven en la necesidad de buscar ayuda para encontrar una nueva manera de relacionarse con los alumnos y los padres de familia –y gracias a esto ¡tengo mucho trabajo!

Es mi deseo que a través de la lectura de este libro, encuentren algunas respuestas que los ayuden a preparar a los alumnos para enfrentar la vida. Estos alumnos que exigen que los adultos que los guían tengan el valor de equivocarse en su búsqueda de nuevas respuestas y que su prioridad sea inspirarlos para animarlos a crecer.

Gracias por tu confianza y por permitirme caminar a tu lado.

# Capítulo 1

# TIEMPOS DE ANTAÑO: EL PADRE MANDA Y EL HIJO OBEDECE

"Vienen visitas en la tarde y no quiero escuchar un solo ruido. Saludan y se van a sus cuartos hasta que yo les avise", dice la madre a sus tres hijos. "Pero prometiste que podíamos ver nuestro programa de tele", replica tímidamente el mayor. "¿Necesito repetírtelo? Dije que no quiero escuchar ningún ruido o se quedan castigados el resto de la semana."

Nuestros antepasados y muchos de nosotros fuimos educados de esta forma autoritaria en donde el adulto mandaba y el hijo obedecía. Los adultos eran firmes y seguros, no pedían opinión a nadie, y los hijos sabían que si no acataban las órdenes tendrían que atenerse a las consecuencias.

El niño en este sistema era considerado inmaduro y no tenía ni voz ni voto. Se le consideraba incapaz de tomar decisiones y no se tomaban en cuenta sus sentimientos. Los padres tenían claro que su deber era satisfacer las necesidades de los hijos, más no sus caprichos. Así que cuando les negaban algún deseo no se sentían culpables.

"Me compras ese vestido de salir, mamá, está precioso", dice la hija admirando el atuendo de la vitrina. "No", contesta la madre. "¿Por qué no, mamá?" "Porque ya tienes dos y no lo necesitas", responde la madre casualmente mientras sigue caminando.

La culpa no ocupaba un lugar importante en la conciencia de estos padres. Sabían que era importante enseñar a los hijos a valorar las cosas y evitaban dar en exceso. Los niños consentidos eran niños "echados a perder" y eran escasos y mal vistos.

> Cuando mi tía Ma. Luisa tenía 12 años, su hermana mayor iba a celebrar su fiesta de 15 años en febrero. Al iniciarse el año escolar la madre le advirtió: "Si repruebas alguna materia no vas a la fiesta". Reprobó en octubre una materia pero pensó que la madre ya lo habría olvidado para la mañana de la celebración. Mientras Ma. Luisa sacaba su vestido del armario, la madre sólo le dijo de pasada: "Para qué lo sacas si tú no vas a ir".

Cuando comparto esta anécdota en mis conferencias, pregunto a los participantes si creen que la madre se sintió culpable por no dejarla asistir a la fiesta, siempre concluimos que no. Las madres de antaño tenían muy claro que era responsabilidad de los hijos cumplir con sus obligaciones y si no lo habían hecho, tenían que sufrir las consecuencias. Como dirían, *bajo advertencia no hay engaño*.

La prioridad de estos padres era que los hijos crecieran como personas de bien y se valían de cualquier medio para lograrlo. Para ellos el fin justificaba los medios y si era necesario lo castigaban, humillaban o golpeaban, hasta que el hijo corrigiera su comportamiento. Nadie cuestionaba el derecho absoluto de los padres de gobernar sobre los hijos.

> "Me regañó el maestro." "Pues algo habrás hecho", replica la madre. "Pero yo no fui, fue Pedro el que aventó los papeles, yo sólo estaba con él."
>
> "Pues eso te enseñará a no juntarte con Pedro", responde la madre despreocupada mientras termina de doblar la ropa.

En este sistema autoritario los padres apoyaban incondicionalmente al maestro y sus decisiones eran respetadas. Al igual que con los padres, nadie cuestionaba su autoridad.

> "¿Qué no escuchaste lo que te dije?" dice la maestra con los ojos desorbitados: "¡pues a ver si así me entiendes mejor!" Toma al alumno de las orejas y lo arrastra hasta el rincón.

Aunque todavía hay escuelas con este acercamiento, afortunadamente cada vez hay menos. Se pueden escribir libros completos de anécdotas del maltrato tanto físico como emocional que ocurre en las escuelas de tipo autoritario, donde se educa la cabeza pero se lastima el corazón.

> "Federico, ¿se te volvió a olvidar la tarea? Eres un bueno para nada. Ponte de rodillas, extiende los brazos y sostén estos libros hasta que yo te diga. ¡A ver si esto te refresca la memoria y traes la tarea mañana!"

## Aspectos positivos de la educación autoritaria

No todo era negativo en este acercamiento. Revisemos algunos aspectos positivos.

### Estructuras claras

Tanto la estructura familiar como la escolar en esta educación autoritaria eran claras: el mando era ejercido por los padres y los maestros que cargaban con toda la responsabilidad y el niño simplemente obedecía. En este sentido podía crecer sin preocuparse por decisiones que no le correspondían, pues tanto los padres como el maestro cargaban con el peso de educarlo y hacer de él una persona de bien.

Esta estructura clara, así como la firmeza de los adultos proporcionaba seguridad y confianza a los hijos, que sabían qué esperar y a qué atenerse.

## Mundos divididos: el mundo adulto y el mundo infantil

La separación entre el mundo del adulto y el mundo del niño estaba bien marcada y las transgresiones no se aceptaban. Tanto el adulto como el niño conocían su lugar.

Las conversaciones de adultos eran sólo para adultos pues cuidaban celosamente lo que decían y el niño se enteraba sólo de lo que ellos consideraban conveniente. Esto permitía una separación entre ambos mundos y, a la vez, ofrecía una protección importante al niño, pues evitaba que escuchara comentarios perturbadores que lo pudieran preocupar o asustar. No se estresaba con relación a situaciones que no le incumbían ni estaban en su poder cambiar.

El niño dormía en su recámara y el cuarto de los padres y sus cosas eran territorio vedado.

¡Qué diferencia de lo que vivimos en estas épocas!

## Rutinas inalterables

La vida del niño estaba regulada por rutinas que se consideraban sagradas, pues el bienestar del niño era una prioridad. Se desayunaba, comía y cenaba a una hora fija. El baño y la hora de dormir eran parte de un ritual que se sucedía día con día de manera inalterable. Las excepciones eran raras y se consideraban un regalo que se gozaba sólo en ocasiones privilegiadas, como la boda de la prima, la navidad o el aniversario de los abuelos.

Esto ofrecía al niño una estructura que le proporcionaba seguridad emocional, pues sabía qué esperar y no vivía de un sobresalto a otro. No requería adaptaciones constantes que lo estresaran.

El niño pequeño no tenía más trabajo que jugar y dejar que el adulto se encargara de atender sus necesidades físicas. La madre generalmente estaba en casa y esto le ofrecía todo el apoyo que él necesitaba. Hasta su ingreso en la primaria el niño pasaba todo el día en casa observando el quehacer de los adultos. Rara vez salía y la prisa no existía. El niño despertaba cuando había descansado lo suficiente y cuando comía nadie lo apresuraba. No había expectativas de lo que tenía que aprender ni de lo que tenía que lograr. Era niño y nadie tenía por qué esperar más. Se le permitía germinar y florecer como a la planta en el campo que sólo requiere el ambiente adecuado.

## Tiempo para jugar

El niño en edad escolar tenía que ocuparse de ir al colegio y hacer la tarea, pero el resto de tiempo era suyo para disfrutar. Las tareas escolares de antaño se asignaban sólo como un apoyo al trabajo realizado durante la mañana en la escuela, por lo que ocupaban poco de su tiempo en la tarde y lo dejaba en libertad para jugar con los hermanos y vecinos.

## Apoyo familiar

Las madres gozaban del privilegio de tener el apoyo de otras mujeres: la madre, la tía, la abuela que les ayudaban y enseñaban el cuidado de los hijos. La madre y la abuela dedicaban su tiempo a educar a la hija y la inducían al mundo femenino para saber acoger, proteger y nutrir a los hijos. Este sostén femenino ofrecía una guía y una plataforma de apoyo para saber cómo y qué responder ante las demandas de su hijo. Ayudaban a despertar en ella el instinto materno para contactar y satisfacer adecuadamente las necesidades de su pequeño.

Si bien en este acercamiento autoritario los adultos proporcionaban una estructura clara a los hijos, eran firmes y cuidaban sus rutinas y su bienestar físico, y las madres tenían el apoyo de otras mujeres, no tenían, sin embargo, conciencia de las secuelas emocionales de su rigidez y severidad. Se conformaban con que el hijo saliera adelante, es decir, se casara, tuviera una familia y fuera una persona de bien, pero su vida emocional los tenía sin cuidado.

# Capítulo 2

# Tiempos modernos: el niño manda y el padre obedece

## El adulto pierde su autoridad

> "¡Ponte a trabajar!", le dice la directora a una alumna de 3 años de preescolar. "No quiero." "¡Que te pongas a trabajar!" "¡Que nooo quiero!" contesta la niña y se echa a correr. La directora la alcanza y le dice: "¡Quiero que sepas que en esta escuela mando yo!" La niña se pone las manos en la cintura y con voz desafiante le contesta: "¡Pues en mi casa mando yooooo!"

Sí, leyeron bien, esta pequeña sólo cuenta con 3 años de edad y ya se atreve a desafiar a la directora de la escuela. Tiene muy claro que ella manda... ¡en su casa! De ahí viene su empoderamiento y la seguridad de hacer lo que le da la gana, pues sus padres seguramente le dan gusto en todo.

Este no es un caso aislado ni la excepción, por el contrario, es bastante común. Porque las generaciones que sufrieron heridas en manos del sistema autoritario ahora que tienen sus propios hijos y buscan un cambio radical, se polarizan y desechan cualquier tipo de límite o regla. Su intención es buena pues desean evitar el maltrato de sus hijos, pero la permisividad que ofrecen termina haciéndoles más daño que bien.

"¡A mis hijos nadie los regaña, nadie los toca!" le advierte enfática-
mente el padre a los abuelos que observan frustrados cómo los
nietos que han venido de visita avientan los cojines de la sala.

Cuando un niño escucha esto de sus padres, le queda claro que
los adultos no tienen la autoridad para decirle qué hacer. Y esto
incluye al maestro.

Nota de una madre a la maestra:
"Por favor nunca le vuelva a pegar a Toñito. Es un niño sumamente
sensible que no está acostumbrado al castigo físico. Nosotros nunca
le pegamos más que en defensa propia."

BENNETT CERF

En el afán de que nadie lo maltrate ahora el niño es el que dirige: un niño inmaduro, caprichoso que no desarrolla ningún
tipo de responsabilidad. Es un niño que transita solo por la
vida, pues no hay adultos capaces de guiarlo. Cuando el maestro trata de poner cualquier límite, el niño lo acusa y los padres
aparecen en la escuela para ponerlo en su lugar. ¿Quién se cree
para llamarle la atención a su hijo?

En esta era permisiva es común observar la siguiente situación:

"Cómprame esta película, papá." "No, hijo, está horrible, y es para
adolescentes, tú sólo tienes ocho años." "Pero tooodos mis amigos ya
la vieron, ¡nunca me dejas ver nada!", grita el hijo llamando la atención
de los clientes. "Está bien, está bien... pero cállate", susurra el padre
tratando de evitar las miradas de la gente: "Pero pobre de ti si te
despiertas muerto del susto y quieres pasarte a mi cama".

A las 3:00 a.m. que el hijo quiere pasarse a su cama, el padre lo
recrimina: "Ya ves, te lo dije, pero ¡bien necio que eres!"

Estos padres permisivos cuando ceden su responsabilidad al
hijo, todo lo arreglan con "te lo dije", y entonces el hijo paga
las consecuencias de la decisión que debió ser del padre.

Revisemos otras de las características de este acercamiento permisivo:

## Padres ausentes

"Jesús, ¿qué te pasa?", le pregunta la maestra a su alumno de secundaria que está deprimido. "Es que a mí nadie me quiere." "Cómo que nadie te quiere, pero si tú sabes que tus padres te quieren mucho…" "Pues si me quieren no me lo demuestran." "Pero si ayer hablé con tu madre y me dijo que pasa todas las tardes contigo." "Lo que no le dijo es que está estudiando y no la puedo interrumpir."

El padre permisivo está muchas veces presente en cuerpo pero no en alma. Mira pero no ve. Sólo se ocupa a medias del hijo que sabe que está en libertad de hacer todo lo que quiere porque el padre no tiene tiempo para atenderlo. Y cuando los padres están separados se agrava la situación.

"Ramiro, ¿por qué llegaste tarde a clases?" "Es que, maestra, mi madre se va con el novio y no llega a tiempo."

Trabajando en la Ciudad de México la directora de una escuela privada me contó el siguiente incidente:

Unos padres de familia que jamás asistían a eventos o entrevistas a las que los citaban en la escuela, aparecieron a las 2 horas de enterarse que le habían quitado el celular a su hija.

Este tipo de situaciones nos muestra cuáles son las prioridades de algunas familias y la falta de confianza que le tienen a la escuela.

La maestra de Rogelio ha citado a sus padres pues piensa que tiene problemas de atención. Rogelio tiene 9 años, es hijo único y ambos padres trabajan. La psicóloga le diagnostica síndrome de déficit de atención y recomienda que tome *medicamento*. La maestra por su cuenta pide a la madre que dedique parte de la tarde para ayudarle a hacer su tarea. La madre preocupada decide recortar sus horas de trabajo a medio tiempo para atender a Rogelio. Tres meses después cuando se agota el medicamento la madre decide suspenderlo sin consultar a la psicóloga pero continúa dedicándole la tarde completa a su hijo. Para final del año la maestra felicita a la madre por la mejora de Rogelio que aunque no tiene las mejores calificaciones, ya se desempeña como el promedio de niños de su clase.

¿Qué curó a Rogelio, el medicamento o la atención de la madre? Hay niños que necesitan apoyo de medicamentos y no pretendo decir que todos los problemas tienen la misma solución, pero hay que reconocer que el abandono de los padres produce estrés en el niño. Que esta vida apresurada que llevamos ha relegado el cuidado y atención del niño al último lugar de esta lista interminable de cosas que los padres tenemos que hacer. Muchos niños sí tienen efectivamente déficit de atención, pero es déficit de atención por parte de los padres. Están carentes del alimento esencial del alma: ¡atención! Hay niños que son felices, aunque suene contradictorio, cuando están enfermos, porque tienen a los padres a su disposición. Es el único momento en que algunos padres sueltan su prisa y sus demás quehaceres para atenderlos.

## Aparece la culpa

Acompañando a este abandono de los padres aparece un personaje que tenía poca importancia en el autoritarismo: me refiero a la *culpa*. Aparece como resultado de las vidas por demás apuradas que viven los padres en esa carrera sin fin por tener más, comprar más para darles ¡lo mejor! Aquí tendríamos que detenernos para revisar lo que es "lo mejor".

Me queda claro que "lo mejor" para un niño es que sus padres estén presentes, relajados y atentos. Presentes para conocerlos y aceptarlos, acompañándolos con respeto en su proceso de maduración. Relajados para no contagiarlos de su prisa, sus miedos y preocupaciones. Atentos para darles la atención que van necesitando en las distintas etapas de su desarrollo.

Como pueden apreciar, esto no tiene relación alguna con lo que los padres modernos consideran "lo mejor".

"¿Cómo? ¿Otra vez te dejaron cuidando a los nietos?" pregunta sorprendida su amiga que quiere que la acompañe de compras: "ya nunca tienes tiempo de hacer otra cosa, y entiendo que los quieras pero ¿porqué no se ocupan de ellos sus padres? ¿No que querían tanto tener hijos? Y ahora que los tienen, no tienen tiempo para ellos".

Esta es una gran contradicción, quieren mucho a los hijos pero no tienen tiempo para ellos. No me canso de decirles a los padres, el amor no se platica, se pone en práctica. Si de veras quieres a tus hijos tienes que hacer el espacio para estar con ellos. Los hijos alimentan su vida emocional con nuestra atención. Dar atención es una forma de amar. Y esto es lo que recordarán los hijos, el tiempo que les dedicaron sus padres.

Pero la abuela disculpa a los hijos:

"No entiendes, es que están juntando para la hipoteca, se han echado muchas deudas encima para darles lo mejor, ¿has visto lo que cuesta una casa en una buena colonia? ¿Una camioneta grande? ¿La ropa tan bonita que usan?…"

Visitando una escuela Montessori en Lima, Perú, me sorprendió que siendo una escuela con colegiaturas elevadas estuviera ubicada en una colonia popular. Cuando me dijeron que tenía el cupo lleno y me sorprendí, la directora me explicó: "En esta colonia los padres valoran mucho la educación de sus hijos y es lo primero en lo que gastan. Tratamos en cambio de poner otra escuela igual en una colonia más cara y tuvimos que cerrarla. ¡Vieras cómo se quejaban por el monto de las colegiaturas! Resulta que no les alcanzaba si querían mantener su estilo de vida elevado".

## El hijo debe estar siempre feliz

Los padres en esta era permisiva se imponen una tarea imposible: tratar de que el hijo esté siempre feliz. Equivocadamente piensan que si quieren a su hijo es su responsabilidad velar por su felicidad, y que si está descontento, están fallando. Algo deben estar haciendo mal, si este niño se encuentra enfadado o se siente frustrado. La solución, entonces, es eliminar cualquier cosa que atente contra su felicidad.

> "Mamá, estoy pensando en cambiar a Regina de escuela, todo el tiempo se queja y no está a gusto. Además, como que no me gustan sus compañeritos", le confía Tamara a la abuela.
>
> "Pero ¿cómo? ¿Qué no la acabas de cambiar apenas este año? No puedes tenerla brincando de escuela en escuela, así ¡nunca se va a adaptar! Adoro a mi nieta pero la tienes muy consentida. ¡No puedes hacer siempre lo que ella quiere!"
>
> "¡Ay mamá, no entiendes nada!" le contesta Tamara mirando hacia el techo: "¡Es que estás chapada a la antigua!"

Hemos dado el salto del autoritarismo, donde no se tomaba en cuenta lo que pensaba o sentía el hijo, a la permisividad, en donde le hacemos demasiado caso. Donde nos dejamos llevar por sus caprichos tratando de darles gusto en todo y nos quejamos cuando alguien les pone un límite.

> En un preescolar en la ciudad de Puebla, un niño de 5 años le pegó intencionalmente a una maestra con un palo. Fue suspendido de clases un día, pero el padre se fue a quejar con la directora y le dijo: "Por Dios, maestra, ¡no es para tanto!"

Si a esta temprana edad lo disculpamos cuando le pega a la maestra, ¡no quiero imaginarme que será de él en la adolescencia! En este afán de justificarlo, pensando equivocadamente que es una muestra de nuestro amor, no nos damos cuenta de que estamos sembrando los gérmenes de la irresponsabilidad para su vida futura.

Amamos a los hijos y querer que estén siempre felices es un deseo legítimo, pero irreal. Nadie está *siempre* feliz. Como seres emocionales que somos experimentamos todo tipo de emociones, unas agradables, otras no tanto, pero de eso se trata la vida. De vivir plenamente todo lo que sentimos, sin exclusión de emoción alguna. Porque la emoción que no sentimos, la reprimimos y nos hace daño.

Pretender que nuestros hijos siempre estén contentos está relacionado con la creencia equivocada de que si no lo están, soy una mala madre o padre y que mi deber es asegurarme de que siempre estén felices. ¡Por eso cuando un niño llora lo queremos callar a toda costa! Buscamos evitar que nos evidencie como padres ineptos.

Esta creencia equivocada surge en estos tiempos de permisividad, pues era inexistente en el autoritarismo donde los padres tenían muy claro que su obligación era atender las necesidades del hijo, más no sus deseos o caprichos. Si estaba descontento era su problema. Sus prioridades en este sentido eran muy claras, había que educar al hijo para la vida, una vida que tiene de todo: alegrías, sinsabores, frustraciones, satisfacciones, penas, etcétera.

## Se multiplican los niños consentidos

Pero los padres de hoy quieren que los hijos vivan en una fantasía tipo "Hollywood", en donde sólo hay cosas hermosas y placenteras. Que todos sus gustos sean realizados inmediatamente y que los malos ratos sean eliminados de su existencia. Con esto en mente preparan muy mal a los hijos para afrontar el futuro. Estos niños consentidos eran escasos en el autoritarismo, pero ahora abundan. Son caprichosos, flojos, débiles y tienen baja tolerancia a la frustración. Ante cualquier contratiempo se doblan y se acobardan. Viven buscando sólo el placer y son víctimas de sus deseos.

Con esto no quiero decir que esté mal que los niños deseen y quieran tener todo, esto es propio de la niñez. Esta insaciabilidad es natural en el niño pero corresponde al adulto poner el límite para ayudarlo a entender que puede querer todo, pero que no siempre lo va a tener, y menos en ese momento.

"Mamá cómprame esa caja de colores, mira ¡qué bonita está!", dice Alberto de 6 años.

"Sí hijo, está hermosa, a mí también me gustan mucho los lápices de colores, especialmente cuando están nuevos y tienen tantos tonos. Pero en este momento no tengo dinero para eso", contesta la madre con suavidad pero con firmeza.

Empatizamos con el niño, desear tener todo se vale, pero no por eso se lo compramos. No contradigan lo que el niño siente, pero ustedes deciden si es conveniente dárselo o no. El niño no está mal por querer todo, es parte de su naturaleza, pero al adulto corresponde decidir si es buen momento para que lo tenga o no.

Dar gusto por las razones equivocadas es lo que hace daño. Decir que sí al niño porque temo que me haga una rabieta, por miedo a que no me quiera, por ganarme su aprobación, por sentirme importante, todas estas son razones equivocadas para darle gusto. Así que revisen cuando tengan la tentación de complacer al niño y pregúntense por qué lo están haciendo. ¿Es por el bien del niño o por razones egoístas?

Te invito a desechar la creencia:

Mi hijo debe estar siempre feliz

Y cambiarla por:

Mi hijo es responsable de sus emociones y de su felicidad.

Así entregamos la responsabilidad a quién corresponde. Esto se aplica por supuesto en todos los ámbitos. Si como maestra te encuentras complaciendo a tus alumnos, detente un momento y revisa. Nuevamente pregúntate, ¿por quién lo hago, por ellos o por mí?

"Maestra, Jorgito faltó dos días a clases porque no quería venir a la escuela, pero hoy por fin lo pude convencer. Ahí se lo encargo mucho, porque dice que usted no le hace caso y se aburre."

Es obvio que la madre de Jorgito no quiere por ningún motivo contrariarlo y causarle un mal momento. Este niño desde temprana edad sabe que la madre está para complacerlo y que tiene permiso de hacer sólo lo que le gusta.

Esta madre tendría que decirle a su hijo:

"Entiendo hijo que hoy no tengas ganas de ir a la escuela y prefieras quedarte en casa conmigo. Sí, estás muy calientito en tu cama, ¿verdad?", dice la madre acariciándolo.

"Sí aquí estoy rico y ¡¡no quiero ir!!", replica el hijo. "Sí, yo también quería quedarme en la cama pero tengo muchas cosas que hacer. El sábado te puedes quedar mucho rato acostado, pero hoy vas al colegio", le contesta la madre al mismo tiempo que lo destapa y lo ayuda a pararse.

Empatizar no significa ceder ni dar gusto. Quiere decir ponerse en sus zapatos para comprender lo que siente, para después ubicarse como adulto y tomar la decisión que más conviene al niño. Cuando un padre empatiza pero se mantiene firme y dice al niño lo que tiene que hacer aunque no quiera, le ayuda a fortalecer su voluntad. Es decir, toma en cuenta sus sentimientos, pero le enseña a hacer lo que es necesario en el momento.

Es muy diferente un niño que crece con límites y desarrolla su voluntad, a uno que los padres dejan que siempre haga lo que quiere y se vuelve caprichoso, voluntarioso y demandante. Lo que ignoran los padres es que entre más consienten a sus hijos, más infelices son; al contrario de lo que esperan pues su nivel de tolerancia a la frustración es muy bajo y sufren cuando la vida los contradice. Mientras están con los padres que ceden ante sus caprichos, la fiesta se lleva en paz, pero cuando no lo están, se enfrentan a una realidad que no saben manejar. Cuando el maestro no les presta la misma atención que los padres o les exige lo mismo que a otros alumnos, estos niños consentidos la pasan muy mal, porque tienen dificultades para manejar los "no" de la vida.

Conclusión: cuanto más consentido está un niño menos posibilidades tiene de ser feliz.

## Los límites fortalecen la voluntad

"Maestra, porque no nos deja ya salir al recreo, este trabajo está muy largo, ¡ya me cansé!", repela Agustín torciendo la boca. "Sí entiendo que ya te quieres salir a jugar al patio, pero primero terminas tu trabajo", contesta tranquila la maestra.

Se vale querer lo que queremos. Las emociones no son ni buenas ni malas, simplemente son. Aparecen en nosotros, hay que reconocerlas, darles un lugar, pero actuar de acuerdo con lo que pensamos que es correcto. En este caso, se vale que Agustín prefiera estar jugando en el patio, pero primero está su obligación.

Como maestros podemos influir de manera positiva, tanto en los padres como en los alumnos. Explicar a los padres que es natural que un niño no quiera ir a la escuela porque prefiere quedar-se en casa. Que es un deseo legítimo, pero que es importante que después de mostrarle empatía lo traigan al colegio. Que están ayudando a su hijo a sobreponerse a su flojera y que esto ayuda a desarrollar la voluntad y crea disciplina. Que la voluntad y la disciplina son necesarias para que su hijo pueda ser exitoso en la vida.

Al mencionar la palabra *exitoso* tocamos una fibra sensible en este padre moderno, que está muy deseoso de tener hijos exitosos pero no se da cuenta de que el consentimiento limita sus posibilidades. Cuando me refiero a éxito lo menciono en un contexto muy amplio. Para mí, ser exitoso es tener la habilidad de conseguir las metas que uno se propone, sean las que sean. Con esfuerzo, perseverancia, paciencia, sí, pero se logran. Ser exitoso también quiere decir tener un trabajo que da satisfacción y en el cual se siente uno realizado. ¿Qué mejor deseo podemos tener para los hijos? ¿Qué mejor deseo podemos tener para nuestros alumnos?

Aprovecha la influencia que tienes como maestro para ayudar a los padres de familia a entender que para que su hijo tenga éxito, necesitan fortalecerlo diciéndole *no* cuando sea necesario. Que es preferible que aguanten el mal momento de sus berrinches y enojos a ceder y debilitarlo. Que si en verdad quieren que sea feliz, le enseñen a vivir y aceptar las inevitables frustraciones que son parte de la vida.

Para concluir este capítulo, revisa las siguientes preguntas para saber si tienes la enfermedad de complacer:

## Preguntas para reflexionar

- ¿Complazco a mis alumnos para evitarme conflictos?
- ¿Complazco para sentirme importante, popular, querida?

- ¿Complazco por comodidad?
- ¿Es demasiado esfuerzo poner límites?
- ¿Cómo puedo influir en los padres de una manera positiva para que atiendan mejor a sus hijos?
- ¿Cuáles son mis prioridades como maestro?

## Afirmación

- *Hago a un lado mi comodidad para elegir lo que es mejor para mi alumno.*

# Capítulo 3

# UNA ENFERMEDAD CONTAGIOSA: EL ESTRÉS

## Se integran el mundo del niño y del adulto

> Dos maestras están charlando en el patio de la escuela a la hora de recreo. "¿Supiste lo que le pasó a Elena? Pescó al marido con otra, quién lo hubiera pensado... tan bueno que se veía..." Al lado, una alumna pretende estar comiendo su refrigerio mientras escucha atenta la conversación.

La línea clara que marcaba la separación entre el mundo del niño y el mundo adulto se ha borrado. Al integrar estos mundos le abrimos al niño una puerta sin límite alguno de lo que puede escuchar o ver. Así, camino al colegio en el automóvil, los hijos escuchan con los padres el noticiero que relata los últimos secuestros, arrestos, guerras y violaciones.

El resultado de inmiscuir al niño en nuestro mundo adulto es que lo despertamos antes de tiempo a situaciones que emocionalmente no puede digerir y se estresa. Cuando escucha en la telenovela que el padre ha abandonado a la madre, el niño hace la transferencia a su vida y sufre pensando que lo mismo puede ocurrir en su familia. Cuando ve matanzas al otro lado del planeta en el noticiero, el niño pequeño que no tiene aún noción de espacio, piensa que está ocurriendo en la casa vecina y ninguna explicación puede atenuar el impacto visual que esto le produce.

> En un preescolar de la ciudad de México cuando la maestra le avisó a sus alumnos que no podían salir al jardín ese día en recreo, una niña se le acercó y le dijo al oído: "Maestra, yo ya sé por qué no podemos jugar en el jardín. ¡Por que la lava del Popo ya quemó todo el pasto!"

Seguramente esta niña había escuchado los noticieros de esa semana que anunciaban el peligro de erupción del volcán Popocatépetl. Era un hecho, para ella, que la lava ya había cubierto el jardín de su escuela y estaba por entrar a su salón de clases.

Otra consecuencia de integrar estos dos mundos es que el niño ahora invade el espacio de los padres y en muchos casos termina durmiendo con ellos. Muchos de ellos se quejan de esta situación pero se confiesan impotentes para cambiarla, arguyendo que ya lo han intentado "pero el niño no quiere". Nuevamente nos encontramos con la falta de autoridad del padre que no contradice al hijo para que no pase un mal rato. Prefiere ceder a imponerse.[1]

## Adiós a las rutinas

Cuando queriendo modernizarnos desechamos las rutinas para comer y dormir, terminamos afectando la salud física del niño, pues está cansado y mal alimentado. Y un niño que duerme mal y come mal es un niño infeliz: irritable, malhumorado y enojado.

> "Deveras, maestra, sí trato de que se acueste temprano, pero es que ¡no quiere!"

Este es el principal problema que enfrentamos los maestros: los padres han perdido su autoridad y ahora es el niño el que man-

---

[1] Vea en el libro *Disciplina con amor* las páginas 33-42.

da. Así que si no quiere acostarse, el padre no puede obligarlo. Da tristeza ver a adultos que siendo muy competentes en otras áreas son tan ineficientes en relación con los hijos.

Un niño que no duerme a sus horas y no come a sus horas es un niño que no tiene bienestar. Su cuerpo necesita estar constantemente readaptándose a los cambios en su ambiente y eso le produce estrés. Nunca sabe qué va a comer ni cuándo. Se vuelve caprichoso pues nunca sabe qué esperar. El apoyo y la seguridad que le ofrece una rutina diaria le hace falta. Muchos niños etiquetados como niños demandantes: "de mal carácter", enojones sólo están estresados. Cuando las madres regresan a crearles una rutina de comer y dormir a sus horas y sin prisa, estos niños se transforman en niños encantadores. Muchas madres agradecen tanto este cambio en sus hijos y se dan cuenta de que el esfuerzo que hacen al cuidar la rutina de sus hijos es mínimo en comparación con los beneficios que obtienen. Un niño descansado y bien comido es un niño relajado y contento.

> Pablo está de muy mal humor. Recarga su cabeza sobre el pupitre y se niega a sacar su cuaderno. "Qué te pasa, Pablo, ¿por qué no sacas tu cuaderno?" "Tengo sueño, maestra, estoy muy cansado." "¿Pues a qué hora te dormiste?" "Muy tarde, mi papá llegó de viaje y estuve jugando con él."

Este maestro sabe que haga lo que haga, no puede contrarrestar el cansancio del alumno. De nada sirve que atienda a una escuela maravillosa y tenga el mejor de los maestros, si el alumno está cansado no puede aprender.

Insisto mucho en que los maestros y directivos traten de influir en los padres de familia para que respeten la rutina de sus hijos, de manera que lleguen a la escuela bien descansados y alimentados. Sólo así pueden realmente aprovechar lo que la escuela les brinda.

## El estrés invade nuestras vidas

El cambio de ritmo en nuestras vidas ha sido la causa más importante en la transformación de la dinámica familiar. La prisa invade a los padres y se convierte en su forma de vivir. Pasan de una actividad a otra y piensan que no hay peor cosa que perder el tiempo, pero la prisa no les permite realmente gozar lo que hacen. Entre más quieren realizar para aprovechar, menos lo disfrutan pues su atención siempre está en lo siguiente. Por vivir en el futuro, olvidan el presente y es en el presente donde viven sus hijos. Cuando los padres están estresados están presentes en cuerpo pero no en alma porque una persona estresada sólo puede atenderse a sí misma. Estos padres aunque quieran ocuparse de sus hijos no pueden, ¡están estresados! Los hijos al sentirse abandonados terminan también estresados y es así, como el estrés de los padres acaba contagiándose a los hijos. De ahí la siguiente fórmula:

**Padres estresados = hijos estresados**

## El alumno estresado

Si a la falta de atención de los padres además le agregamos la presión absurda de muchos programas educativos elaborados en un laboratorio por personas que no conocen ni tratan a los niños, el resultado es un alumno estresado que no aprende. Muchos niños con problemas de aprendizaje se curan cuando los padres les empiezan a dedicar tiempo o cuando reducimos el estrés en sus vidas. A veces la solución es eliminar las clases adicionales de la tarde o cambiarlos a una escuela con un sistema educativo más relajado. Mágicamente el niño se alivia.

Me llamó una madre preocupada por larga distancia:

"Rosi, mi hija Aleida de 5 años me tiene muy preocupada. Se muerde muchísimo las uñas y siempre está de mal humor. Cuando no llora por una cosa, llora por otra. Me está volviendo loca."

Esta madre vive en la ciudad de México y cuando le pedí que me describiera el horario de su hija, me respondió lo que ya sospechaba: que en la mañana iba a la escuela y en las tardes corría de una clase a otra. Le recomendé que redujera las actividades de la tarde al mínimo y me contactara en un par de meses. Cuando me llamó no me sorprendió que me dijera que su hija ya casi no se mordía las uñas y que estaba de mucho mejor humor. Cura sencilla: menos estrés. Resultado: niña relajada, niña feliz.

La maestra de quinto grado deja a sus alumnos la tarea de escribir un párrafo sobre lo que quieren ser cuando crezcan. Cuando recoge al día siguiente las tareas, se sorprende al ver que Rolando lo ha resumido en una sola palabra: "¡Jubilado!"

Aunque nos puede parecer muy gracioso, este chiste nos puede resumir lo que pasa con muchos niños en la actualidad que son presionados por sus padres y sus maestros desde que ingresan al maternal. No es de sorprendernos que al terminar la primaria están cansados de vivir presionados corriendo de clase en clase y de actividad en actividad, y les puede parecer seductora la idea de llegar a ser grandes para poder retirarse y por fin descansar.

Si observamos la situación con cuidado podemos ver que se ha creado un círculo vicioso. Los directores de escuelas culpan a los padres de familia por la presión, que ha ido en aumento, de los programas educativos. Dicen que son los padres de familia los que exigen que se les dé a sus hijos cada vez más tareas, clases y materias. Se disculpan argumentando que sólo responden a las demandas de sus clientes. Nótese, por favor, que los clientes son los padres que pagan y no los alumnos a los que atienden. Pero si conversa uno con los padres de familia, ellos se quejan de ser víctimas de la presión de estos sistemas escolares y se disculpan afirmando que son impotentes para poder cambiar esta situación. Uno culpa al otro y así ninguno de los dos se responsabiliza. El que paga el precio es el niño. Desgraciadamente son pocas las escuelas que haciendo caso omiso de esta competencia desmedida, se sostienen en sus principios de educar al niño tomando en cuenta sus necesidades.

## Preguntas para reflexionar

- ¿De qué sirve un niño culto si es infeliz?
- ¿Por qué sacrificar su niñez en aras de esta competencia absurda?
- ¿Cuántos niños deberán quedar afectados antes de que tomemos conciencia de que vamos por el camino equivocado?
- ¿En manos de quién está el cambio?

## La prisa porque inicien la primaria

"Estoy muy enojada, me están pidiendo que mi hijo se espere para entrar a la primaria sólo porque cumple años hasta diciembre. ¡Si mi hijo es muuuy inteligente!" reniega Matilde con su amiga. "Imagínate, ¿qué va a sentir de que pasen sus compañeros y él no? Esta escuela ya me tiene harta, voy a buscar otra que lo acepte en la primaria."

¿Cuál es la prisa? ¿Por qué insisten estos padres en que sus hijos inicien la primaria cuando aún no tienen la edad y cuándo no están suficientemente maduros? Inteligentes sí, pero no maduros.

El dicho "Es mejor cabeza de ratón que cola de león", es muy sabio. Desgraciadamente yo lo aprendí por experiencia propia, porque siendo directora y dueña de escuela en mis primeros años, por falta de experiencia, confundí inteligencia con madurez y me dejé presionar por estos padres con prisa. Permitía que sus hijos pasaran a la primaria porque efectivamente podían con el trabajo académico, pero conforme avanzaban en la primaria vi los resultados de haberlos apresurado. Eran alumnos que podían con el trabajo académico pero a nivel emocional siempre iban rezagados con relación al grupo. Les costaba trabajo integrarse con sus compañeros porque eran pequeños y esa diferencia hacía que muchas veces se aprovecharan de ellos. Eran propensos al bullying porque en su inmadurez no sabían defenderse. Al iniciar la secundaria los problemas se agravaban, pues la diferencia de madurez emocional al iniciar la adolescencia era aún más notoria y estaban en peligro de caer en malas compañías, alcohol, drogas y promiscuidad, con tal de sentirse aceptados y pertenecer al grupo de los que eran mayores.

¿Vale la pena que corran estos riesgos, y todo por complacer a los padres? Para que orgullosamente digan: "Mi hijo, aunque es chico ¡ya está en la primaria!" ¡Qué precio tan alto paga el hijo!

Afortunadamente aprendí, con los años, de mis observaciones y ahora trato de convencer a cualquiera que me pregunte si es preferible detener a su hijo un año cuando está teniendo dificultades o, como dicen, *se está arrastrando*. O cuando aún no tiene la edad y sería el más pequeño de su clase. Ante la duda siempre es mejor detener a un alumno y que repita el año escolar. Qué diferencia para su autoestima sentirse la cabeza del grupo en un año anterior, que pasar de año y sentirse el último porque aún no tiene la madurez emocional para estar a la par con sus compañeros.

Mis dos hijos iniciaron la primaria con siete años cumplidos y quiero decir que es una de las decisiones más acertadas que he tomado. Jamás me arrepentí, pues fueron de los más maduros del grupo y qué diferencia hubo cuando iniciaron la secundaria y la preparatoria.

La manera en que le dicen a un hijo o un alumno que debe repetir el año escolar marca toda la diferencia del mundo.

> "Dice la maestra que vas a tener que repetir año porque eres un burro. Cuántas veces te dije que le echaras ganas, pero no me hiciste caso, así que ¡a ver si esto te sirve de escarmiento! Todos tus hermanos tan listos y dedicados y tú, ¡eres una vergüenza para la familia!"

Puede que no lo digan con estas palabras, pero si este es el sentimiento o la actitud, el niño se lastimará profundamente porque sentirá vergüenza. La vergüenza de haber defraudado a las personas que más quiere, a sus padres. La vergüenza de sentirse un error, defectuoso y… sin remedio.

Pero si en lugar de eso, los padres le dicen de manera cariñosa: *"Hijo, tus maestros y yo pensamos que aunque te has esforzado es mejor que repitas de año. Vas a estar en un grupo donde te vas a sentir más a gusto y vas a estar más contento".*

Si se trata de un niño pequeño de preescolar, no se lo digan hasta que esté por iniciar el siguiente ciclo escolar. Cómo lo va a tomar el niño depende mucho de la actitud de los padres y la escuela pero, aunque se enoje, es claro que a la larga es lo mejor para él. Siempre elegimos lo mejor a largo plazo, no lo que en el momento es más fácil. El niño se molesta pero lo protegemos de seguir arrastrándose durante toda su educación. Esta es la pregunta:

> ¿Qué prefiero, ahorrarle un mal rato al alumno o que sufra toda su educación?

Es distinto cuando el niño tiene la madurez física y emocional para estar con un grupo pero tiene dificultades académicas. Este puede ser el caso de un alumno con discapacidad o problemas de aprendizaje. En este caso yo recomiendo que se le permita continuar con el grupo aunque esté atrasado académicamente pues es necesario que conviva con niños de su edad con los mismos intereses. En este caso el trabajo académico, en mi opinión, es secundario. Debemos ser flexibles y exigir que el alumno se esfuerce sin que importe tanto el resultado. Siempre he dicho que lo que debería calificarse en las escuelas es el esfuerzo porque, finalmente, aprender a esforzarse es lo que va a permitir en la vida que el alumno consiga lo que se propone. Un niño podrá ser brillante pero si es flojo y no le gusta esforzarse tendrá dificultades para salir adelante.

Me tocó vivir de cerca la siguiente situación:

Cuando Roberto fue aceptado en la escuela en sexto de primaria tenía serios problemas de aprendizaje. Su nivel de lectura correspondía al de tercero de primaria y las matemáticas le costaban mucho trabajo. Pensamos que con dificultad podría algún día terminar la secundaria. Pero sus padres siendo personas muy conscientes lo apoyaron llevándolo de Cuernavaca a la ciudad de México todas las semanas para recibir terapia y pronto empezamos a ver mejoría. Roberto era tesonero, se aplicaba y era claro que tenía el interés de progresar. No sólo terminó la secundaria, sino que se graduó de ingeniero mecánico y cuando tuvo la oportunidad envió su solicitud para una maestría en Bélgica. Aunque hablaba flamenco porque su madre era Belga, cuál no sería nuestra sorpresa cuando fue aceptado en una universidad pero en francés, idioma que no dominaba. ¿Detuvo esto a Roberto? Claro que no, se aplicó y terminó una maestría en Robótica. Al graduarse le hicieron un ofrecimiento de trabajo y se quedó a vivir en Europa.

Cuando recuerdo este caso que me parece inspirador, me digo a mi misma: "no cabe duda que en la vida todo se puede conseguir, con esfuerzo, paciencia y persistencia". Y es por ello que insisto en que las nuevas generaciones necesitan sacudirse su flojera; flojera que es el resultado del consentimiento y abandono de los padres.

## El maestro estresado

Como podemos imaginarnos, el estrés no es exclusividad del padre de familia. Los maestros, muchos de los cuales también son padres de familia, cargan con su buena dosis. Así que la fórmula anterior también se aplica a ellos:

**Maestros estresados = alumnos estresados**

Revisemos las características de una persona estresada:

* *Dispersa, distraída,* no está presente, se mueve y reacciona de manera automática.

* *Irritable, malhumorada, impaciente,* cualquier cosa dispara su enojo.

* *Confunde sus prioridades,* se deja llevar por lo que ocurre en el momento y pierde el sentido de lo que es importante.

* *No disfruta lo que hace,* porque está tensa y su atención está en lo que falta por hacer y no lo que está haciendo, no goza ni disfruta la vida.

* *Cansada,* gran parte de su energía se desperdicia en movimientos innecesarios por falta de atención y en la tensión muscular provocada por el estrés. Como el automovilista que acelera sin cambiar de velocidad, la persona estresada malgasta su energía tratando de hacer muchas cosas pero logrando pocas.

Nos preguntamos: ¿qué ocurre cuando este niño estresado llega al salón de clases y se encuentra con que también el maestro está estresado?

Un maestro estresado es un maestro igualmente ausente. Mira pero no ve. Está envuelto en un capullo de tensión que sólo le permite atenderse a sí mismo y su rendimiento es muy bajo. Digo muy bajo porque aunque cubra el programa escolar no le está dando al alumno lo que más necesita: un ambiente sano en el que esté seguro y relajado para aprender y donde se sienta aceptado y protegido para ser él mismo. Esta es la responsabilidad más importante del maestro. Pero para crear este ambiente sanador, donde el alumno se sienta resguardado de todo lo que pudiera amenazarle en el exterior, el maestro necesita estar presente. Presente para conectarse con las necesidades del alumno y poder responder ante ellas.

Es cierto que el maestro no puede ser el sustituto de la familia pues el papel que juegan los padres es fundamental, pero sí puede y debe proporcionar al alumno un lugar donde se sienta a salvo para poder aprender.

Un alumno que se encuentra abandonado por los padres porque no tienen tiempo para él o sufre abuso en casa, puede encontrar en la escuela un refugio para recuperarse y soltar el estrés que le provocan estas situaciones. Cuando el maestro proporciona un lugar relajado y cordial, el alumno tiene un respiro y se fortalece. El maestro juega, entonces, un papel muy importante en la recuperación de estos alumnos.

¿Cuántas horas pasa un alumno en el colegio? Algunos niños pasan más tiempo en la escuela que en casa. Ven más tiempo al maestro que a los padres y, aunque esto es triste, nos indica la gran responsabilidad que tiene el maestro de cuidar que las horas que pasa con él, sean de verdadero provecho. Para que el alumno aproveche, el maestro tiene que relajarse para estar presente y atento.

Quizá cuando leas esto pienses que no tiene relación contigo, pero te invito a revisar las siguientes preguntas.

## Preguntas para reflexionar

* ¿Estoy siempre con prisa? ¿Siento que nunca tengo suficiente tiempo?
* ¿Estoy cansada, irritable e impaciente?
* ¿Me quejo constantemente de mi trabajo, de mis alumnos? ¿Los regaño continuamente? ¿Me desesperan?
* ¿Qué puedo hacer para estar más relajada? ¿De qué actividades puedo prescindir para estar menos estresada?
* ¿Cuáles son mis prioridades? ¿Estoy atendiéndolas? ¿Hacer bien mi trabajo es una prioridad? ¿Qué puedo hacer para ser una mejor maestra?

Las siguientes afirmaciones te pueden ayudar a soltar la prisa y dar atención de calidad a tus alumnos.

## Afirmaciones para maestros con prisa

* *Me detengo para estar presente y contactar las necesidades de mis alumnos.*
* *Suelto mi prisa para relajarme e interesarme en mis alumnos.*
* *Tomo el tiempo para disfrutar y gozar mi trabajo.*
* *Ser un buen maestro es mi prioridad.*

# Capítulo 4

# LAS ESCUELAS ENTRAN A LA COMPETENCIA

## Se confunde la inteligencia con la madurez

En este acercamiento de permisividad, el niño que es capaz de repetir información aunque muchas veces sin una verdadera comprensión es orgullosamente considerado "muy inteligente". Yo en ningún momento niego la inteligencia de estos niños pero me gustaría hacer la distinción entre lo que es inteligencia y lo que es madurez.

> "Mira, un insecto", señala la madre. "Ese no es un insecto, mamá, es un arácnido. Los insectos sólo tienen 6 patas y la araña tiene 8", corrige el hijo de 5 años.

Los niños tienen acceso a tanta información que efectivamente tienen un desarrollo intelectual que nos asombra. Pero acaso ¿inteligencia es lo mismo que madurez?

Aquí está la confusión. Pueden ser muy inteligentes pero eso no quiere decir que sean maduros. La madurez sólo se adquiere con los años. El niño por brillante que sea no puede medir las consecuencias de las decisiones que, muchas veces equivocadamente, los padres ponen en sus manos. No pueden manejar sus vidas pues la madurez se adquiere sólo con la experiencia y los años, y esto aún no lo tiene un niño por inteligente que sea. Entonces es inteligente, hasta brillante, pero no maduro y corresponde a los padres y maestros guiarlos.

Siendo maestra de un grupo de sexto grado me explico una alumna porqué no había asistido:

"Maestra, ayer no vine a clases, porque amanecí con mi nivel de energía muuuy bajo..."

Me pregunté, ¿qué estan pensando sus padres que se dejan manipular de esta manera? Esta niña era muy inteligente y sabía perfectamente como utilizar el lenguaje *New Age* de los padres para conseguir los resultados que quería. Pero es a ellos que correspondía decirle: "Hija tienes mucha flojera de ir a la escuela y lo entiendo, yo también preferiría no ir a trabajar, pero tanto tú como yo vamos a cumplir con nuestras obligaciones. Así que apúrate porque tienes que llegar a tiempo".

El maestro puede ayudar a los padres a ubicarse asegurándoles siempre que efectivamente sus hijos son muy inteligentes más no maduros, pues si así fuera, ya estarían viviendo en forma independiente. Mientras los niños estén a su cargo, corresponde a los padres sopesar la situación y tomar las decisiones que corresponden.

## El niño precoz

Antiguamente niñez era sinónimo de inocencia pero hoy en día ya ni sabemos cómo se escribe. ¿Inocencia se escribirá con "h"?, nos preguntamos.

Cuando arrancamos al niño de su mundo infantil, de ese mundo mágico donde se maneja a su antojo y se encuentra seguro para incluirlo en el mundo adulto, se siente impotente y desvalido. Lo mandamos a la guerra sin fusil. Como la fruta que ha sido madurada artificialmente y conserva su bella apariencia pero no tiene sabor, cuando el niño pierde su inocencia, deja de confiar y se protege con cinismo y agresión. Vive desfasado pues su desarrollo mental no concuerda con el emocional: sabe mucho pero comprende poco.

> "¿Tú sabes que fumar causa sida?" le dice muy seria una niña de 6 años a su compañera.

Gran parte de la información que reciben los niños no la entienden o, como en este caso, la tergiversan. La escuchan y la repiten sin una verdadera comprensión. En su mundo infantil llegan a conjeturas que no son reales pero que en muchos casos les crean zozobra.

Siendo educadora de preescolar me tocó ver a un niño que jugando a la casita, a mamá y a papá, se quiso acostar sobre una niña. Esto no debe escandalizarnos si consideramos todo lo que ven estos niños en la televisión, el internet o en sus casas. Cuando los niños navegan sin supervisión solos por internet, con acceso a todo tipo de información se inmiscuyen en el mundo de los adultos sin la madurez para discernir lo que les conviene y corren peligro.

Cuando los padres dejan de ser cuidadosos ante el niño, en su deseo de ser modernos, y los abandonan a la tecnología, los impactan adelantándolos y sacrifican su niñez.

## Aparece el niño intelectual

Esta era permisiva valora ante todo la inteligencia del niño. Y para demostrar esta inteligencia los padres y las escuelas tratan de darle el mayor acervo de información lo antes posible. Más es mejor, en toda circunstancia. Así que si antes el niño leía al ingresar a primaria y ahora sabemos que lo puede hacer en preescolar, cambiamos el sistema educativo para que todos los niños, maduros o no, así lo hagan. No me sorprendería que en unos años los niños estén leyendo en maternal. Pero nuevamente preguntémonos, ¿de quíen es la prisa? Porque puedo entender que si los padres son intelectuales y ese niño crece rodeado de libros viéndolos leer, naturalmente le gustará imitarlos. Se interesará antes que otros niños de padres que no tienen el mismo interés. Pero apresurar a todos los niños sólo porque tienen la capacidad para poder presumirlos, es no tomar en cuenta otras necesidades propias de esa etapa de desarrollo. Este niño que necesita moverse y jugar, ahora está sentado horas haciendo trabajos académicos, para orgullo de los padres y los maestros. Y luego nos sorprende que haya tantos niños con problemas de aprendizaje y de atención.

> Visitando una escuela privada en Estados Unidos, me compartió la directora: "No sé qué pasa, pero la tercera parte de los alumnos necesitan algún tipo de ayuda especial, ya sea emocional, de aprendizaje o física. Esto me parece tan extraño, algo estamos haciendo mal".

Como dicen: "a los hechos me remito". Nuestra realidad nos está claramente diciendo que algo está fuera de lugar, fuera de equilibrio. Porque si estuviéramos haciendo lo correcto, el niño estaría contento, sano y relajado, en lugar de estresado y con dificultades emocionales o de aprendizaje. Preguntémonos: este niño ¿es un ser que merece mi profundo respeto, o es una pertenencia que puedo utilizar y manipular a mi antojo? ¿Vale la pena apresurarlo? ¿Será lo más importante desarrollar su inteligencia? ¿Cómo puede desarrollarse de una manera armónica para que crezca equilibrado? ¿Cuáles son las necesidades básicas de cada etapa de su desarrollo y cómo puedo satisfacerlas adecuadamente?

Porque en este afán de presumir su inteligencia para exhibirlo como trofeo, atiborramos al niño de información que no sabe cómo ni cuándo utilizar. Acumula muchos conocimientos fríos que más que ayudarlo, le estorban.

Siendo maestra de preescolar un día un niño de 4 años me gritó en el jardín: "Maestra, maestra, ¡corre! Sonia se cayó y se raspó la rodilla y está perdiendo miles de millones de glóbulos rojos y blancos!" Ese mismo niño un día en el tiempo de juego libre se me acercó llorando y cuando le pregunté que le sucedía, me dijo: "Es que, maestra, ¿te das cuenta cuántas personas están sufriendo y muriendo en este momento alrededor del mundo?"

Cité a los padres intrigada por el dolor de este niño tan pequeño y me confesaron que todas las noches en vez de contarle un cuento antes de dormir, le leían una parte de la enciclopedia para hacerlo ¡más inteligente! También los acompañaba a ver los noticieros.

Con la buena intención de que nuestros hijos sean cada vez más listos, estamos creando una nueva generación de niños desequilibrados, porque se desarrolla el pensamiento pero se queda rezagada la parte emocional que necesita tiempo para madurar. Es por esto que el niño tiene dificultades para procesar e integrar tanta información. La puede repetir, sí, pero eso no quiere decir que la comprenda.

Para que el niño pequeño crezca de manera equilibrada, su educación necesita estar permeada de calor, es decir, conectada al corazón, a su vida emocional. Como la pequeña planta que necesita los rayos del sol para crecer y echar sus raíces, el niño pequeño necesita crecer envuelto en un capullo de calor. Es decir, requiere el calor físico ambiental, el calor del contacto humano y educación con corazón.

Educar con corazón quiere decir tomar en cuenta la vida emocional del niño y enseñarlo a través de cuentos, actividades artísticas, música, cantos y juegos que despierten su alegría y gusto por vivir. Las narraciones llenas de imágenes coloridas le permiten disfrutar ese mundo mágico de la imaginación, en donde se identifica con los distintos personajes para encontrar soluciones a sus problemas y alivio a sus penas.

Cuando la información apela a sus emociones, el niño se interesa y lo recuerda porque tiene sentido para él. En cambio, cuando la información es árida, aburrida y sin relación con su vida, el niño se desinteresa y necesita hacer un gran esfuerzo para recordar. Cuando el niño memoriza cosas que no son de su interés lo hace para complacer al adulto. ¡Qué pena que un niño tenga que ir en contra de su naturaleza para sertirse querido!

Tenemos que conectarnos nuevamente con la vida del niño y usar nuestro sentido común para saber qué información necesita, en qué cantidad y a qué edad. Sensibilizarnos para conocer sus necesidades y que nuestra prioridad sea que crezca sano y fuerte.

## La carrera de ratas

Hemos iniciado con los niños una carrera de ratas. Algunos se prestan para ella, otros se resisten o se rebelan; a otros esa presión los lastima. Al no poder lidiar con tanto estrés, estos niños desarrollan problemas de aprendizaje, se deprimen o se enferman.

"Oye, comadre, ¿no conoces algún maestro que pueda darle clases a Mariana en las tardes? Me dicen en la escuela que va atrasada y que sólo así puede ponerse al corriente. Dicen que puede ser que hasta tenga problemas de aprendizaje." "Ya te dije Isela, que tu hija lo único que necesita es una escuela con menos presión, que no sea bilingüe y la deje avanzar a su ritmo. Yo le di clases un año y sé que no tiene ningún problema. Sólo necesita un poco más de tiempo para madurar."

Algunos niños pueden con la presión que exigen algunas escuelas, pero otros se ven afectados tanto emocional como físicamente. Es importante conocer a los niños y no tratar de pedir lo mismo de cada uno. Hay que tomar en cuenta a cada niño como el individuo único que es y decidir qué le conviene. Lo que es perfectamente adecuado para un hijo puede no serlo para su hermano. Algunos niños simplemente no pueden con la presión de una escuela bilingüe y pensar que por ello se arruinará su futuro es una idea muy limitada.

Un niño de temperamento colérico puede estar a gusto en el ambiente competitivo de la escuela y aunque se sienta presionado dará el ancho. Pero uno de temperamento melancólico o flemático se sentirá francamente agobiado. En los siguientes capítulos hablaré sobre los distintos temperamentos en relación con el niño y el maestro.

Cuando no vemos a los hijos como nuestras extensiones, sino que los percibimos como los individuos separados que son, dejamos que se desarrollen a su propio ritmo. Permitimos que gocen su niñez y no los presionamos para quedar bien. Hacemos a un lado nuestras razones egoístas y nos interesamos realmente por su bienestar. Entonces, cuando vemos al hijo contento, nosotros también nos relajamos y lo disfrutamos.

Desgraciadamente las escuelas se han dejado envolver en esta carrera por ser "la mejor escuela" y prometen a los padres asegurar el futuro de sus hijos. Educar, ante todo, se ha convertido en un negocio. Cuando las escuelas se jactan de ser el mejor colegio, se refieren a su gran capacidad para rellenar a los alumnos de la máxima información, en un mínimo de tiempo y a la más corta edad.

El niño de 3 años es un pequeño ejecutivo que necesita iniciar su carrera so pena de ver afectado seriamente su futuro. Al escuchar a las madres describir su agenda diaria, no nos sorprende saber que esté malhumorado, infeliz y sea grosero. El estrés infantil va en aumento galopante. Si esta fuera la solución ¿por qué hay un incremento tan importante en niños con problemas de aprendizaje? ¿Por qué los países como Japón que más presionan a los niños tienen los índices más elevados de suicidios infantiles?

Las escuelas, apoyadas por lo padres, han iniciado una carrera desmedida para ver quién puede exigir más en menos tiempo a los alumnos. Se empieza a tratar al niño como ganso de engorda. Cabría preguntarnos, ¿acaso por masticar más aprisa digerimos más rápido?

El precio que se paga: niños estresados que repiten como loros lo que aprenden aunque la información sea irrelevante y no les interese, para olvidarla a los pocos meses. Los maestros viven presionados para terminar programas absurdos, mientras los padres presionan a los hijos para estar en el cuadro de honor.

> Una directora de preescolar asistió a uno de mis talleres. Como el tema era el estrés en los niños, al terminar mi exposición, escuché que una madre de familia se le acercó y le comentó: "Fíjese, señora directora que mi hija está muy desconcertada porque cuando ve el cuadro de honor, no entiende por qué no está su fotografía. ¿No cree que están demasiado pequeñas para tener un cuadro de honor?"
>
> Después me enteré que la niña tenía tres años.

Reflexionemos, ¿para quién es ese cuadro de honor y qué sentido tiene?

Algunos maestros que se sienten presionados alteran calificaciones o ayudan a los alumnos a resolver exámenes que exige el estado, por miedo a perder sus plazas. Para desgracia de todos, las escuelas y los padres han olvidado su objetivo primordial: educar al niño. No les interesa ni su bienestar físico ni su salud emocional. Alargan los horarios para cubrir la lista interminable de materias que logran impresionar a los padres incautos a la vez que les exigen a los niños horas interminables de tarea.

Si en el acercamiento autoritario los padres confiaban en esa sabiduría innata que iba conduciendo con mano invisible al niño hacia la madurez, ahora la sociedad ha adoptado esta tarea, pero sin la requerida reflexión. Estamos envueltos en una arrogancia que nos lleva a intervenir en procesos naturales sin la debida observación. Estamos experimentando con los niños como si fueran ratones de laboratorio.

Los psicólogos en las escuelas se han vuelto indispensables y no tienen tiempo para auxiliar a tanto niño descontento y a tanto padre confundido. Como la medicina alópata, curamos la enfermedad y no atendemos a la causa. Atendemos los síntomas y nos olvidamos del origen del problema. Creamos antidepresivos para nuestros hijos en vez de preguntarnos, ¿por qué están deprimidos?, ¿por qué no quieren vivir?, ¿qué les está haciendo falta?

Algunos padres se quejan pero se sienten incapaces de nadar contra la corriente. Otros sólo despiertan cuando sus hijos entran en crisis ante tanta presión. Los problemas de aprendizaje y el síndrome de déficit de atención, nos dicen, se han convertido en una epidemia. Pero la verdad es que muchos de estos niños sólo sufren estrés. No pueden con tanta presión por parte de la escuela y por parte de los padres.

## El niño calificación

"En primer lugar tenemos con mención honorífica a Enrique Varela Sánchez, con un promedio de 9.7, en segundo lugar a Marisela Gómez Marín…"

Diez minutos después, habiendo mencionado el promedio de cada alumno frente al grupo de padres de familia, la directora finalmente concluye, "Y en último lugar y con 5 materias reprobadas, Ángel González Urrutia."

Una vez concluida la entrega de calificaciones, los pupitres de los alumnos son colocados en el salón de clases por filas de acuerdo a sus calificaciones, es decir, los más aplicados al frente, los ochos al centro y los atrasados y reprobados al fondo.

¿Podemos imaginarnos cómo se siente un alumno al ser exhibido de esta manera? ¿Al sentirse tratado como una calificación? ¿Al pensar que sólo cuenta lo que rinde a nivel académico?

En este sistema carente de valores que denigra y promueve una competencia insana entre los alumnos, todos pierden. Pierden los más aplicados, los intermedios y los atrasados. Porque los más aplicados aunque estén orgullosos y se sientan mejor que los demás, siempre conservan el miedo a perder su lugar y sufren las envidias y el ser considerados como "nerds" por sus compañeros. Los intermedios se sienten mediocres, ¡pero los de las últimas filas! Ellos cargan con la vergüenza de sentirse tontos, unos buenos para nada, que se resignan a recibir las burlas y los menosprecios tanto de los maestros como de los padres y los compañeros.

Quiero pensar que las personas que idearon este sistema querían motivarlos para mejorar, pero creo que no existe una peor forma para hacerlo. Cuando sentamos a un alumno al fondo del salón, ¿cómo puede querer cambiar si estamos subrayando su ineptitud? No es de sorprendernos que estos alumnos después presenten problemas de disciplina. Ante el maltrato, algunos se deprimen, pero otros se rebelan. Prefieren ser recordados como groseros y malportados a ser considerados como tontos.

Cuando lo que más valoramos en los alumnos son sus calificaciones, estamos contribuyendo a perpetuar este maltrato y padecemos de miopía. ¿Acaso es mejor el intelectual que el que tiene habilidad para relacionarse, mejor que el que tiene un corazón generoso o el que tiene talentos artísticos? ¿Quién nos asegura que sólo él tendrá éxito en la vida y se sentirá satisfecho consigo mismo? Afortunadamente han surgido trabajos como los de Howard Gardner y Thomas Armstrong que nos hablan sobre las inteligencias múltiples del ser humano. Su trabajo nos lleva a valorar y explorar otras inteligencias aparte de las inteligencias de tipo linguístico y tipo lógico y matemático, aunque sólo estas sean tomadas en cuenta por la mayoría de las escuelas. ¿Por qué sólo valorar al intelectual que destaca en trabajos académicos?

> "Oye, Raquel, ¿cuántos alumnos tienes?" "Pues mira Nicole, tengo 25: 2 dieces, 4 nueves, 7 ochos, 8 sietes y seises, y ¡5 burros! Pero, bueno, que le vamos a hacer, es lo que me tocó."

Algunos maestros no lo dicen con estas palabras, pero el contenido es el mismo. Mi alumno es una calificación. Me explayo en las hazañas del brillante, y al burro, mejor ni mencionarlo. Pero, ¿quién nos ha hecho creer que nuestros alumnos son una calificación y que pueden ser medidos y comparados? ¿Acaso es posible reducir su valor como seres humanos a un número o una letra?

## Surgen las recompensas

Cuando el hijo se vuelve una calificación, los padres se valen de todos lo medios para que destaque y sea el orgullo de la familia. Muchos padres utilizan premios y recompensas para lograr este objetivo.

> "¿Qué crees? Mi papá ofreció comprarme el celular que vimos el otro día en el centro comercial si subo mi promedio. Así que, ni modo, no voy a la fiesta porque tengo que estudiar," le dice Samuel a su amigo por teléfono.

Samuel tiene una idea distorsionada de por qué estudia. Cuando le ofrecen una recompensa, su atención está enfocada en el premio y no en el proceso de estudiar. Tiene la impresión de que le está haciendo un favor al padre cuando estudia y que estudiar es una monserga.

> Un día uno de mis hijos, cuando estaba en la preparatoria, me preguntó por qué a ellos nunca les había ofrecido un premio por estu-

diar como lo hacían los padres de sus compañeros. Le contesté: "Si yo ofreciera regalarte un automóvil caro, un Mercedes Benz convertible último modelo (de esos que cualquier adolescente sueña con tener) y te preguntara cuánto necesito pagarte o qué necesito darte para que lo aceptes, ¿qué pensarías de mí?" Me miró asombrado y me contestó: "Pues que estás loca, no necesito que me des algo para que lo acepte".

"Entonces, ¿por qué quieres que te ofrezca algo para que aceptes el privilegio de estudiar? Estudiar es mucho más valioso que el automóvil más caro en el mercado. Un automóvil es sólo una cosa, algo material que va y viene, mientras que tu educación te va a acompañar el resto de tu vida. Es el regalo más importante en la vida que como padres te podemos dar. ¿Necesito ofrecerte algo para que lo aceptes?"

Estudiar es un privilegio. Muchas personas que quisieran tener esa oportunidad no la tienen, ¿por qué a los que sí tienen ese privilegio, debemos rogarles para que lo aprovechen? Resulta absurdo. Cuando ofrecen una recompensa, que se puede hábilmente disfrazar de "estímulo" para que parezca algo más moderno y sofisticado, le dan al hijo o al alumno la idea de que estudiar es un mal inevitable, que es tedioso y una pérdida de tiempo, y que lo único que importa es la calificación.

Estudiar debería ser un honor pero en esta época permisiva se convierte en una tarea aburrida. Enseñamos a los hijos a desdeñar lo que tiene valor, lo que cuenta y los volvemos materialistas.

Por otro lado, tener que darles una recompensa no es tratarlos como seres humanos con dignidad pues los "entrenamos" para que hagan lo que queremos sin mayor consideración. Como al perrito amaestrado al que damos una galleta cuando hace una gracia, al joven los padres le compran el reloj para que no los haga quedar mal o el maestro que ofrece un caramelo a los niños que se portan bien o participan en el proyecto. Cuando ofrecemos recompensas los subestimamos pues los tratamos como animales amaestrados que su única finalidad es complacernos. El niño hace el esfuerzo pero por las razones equivocadas.

Esforzarse y sentir la satisfacción de lograr algo difícil, es algo digno de valorarse. Proponerse metas y conseguirlas, sobreponerse a sus debilidades, a su flojera produce orgullo. Pero estos niños que son recompensados con cosas materiales se pierden estas experiencias porque su atención está en el lugar equivocado.

## ¿Esfuerzo es lo mismo que presión?

Podría parecer una contradición pedir que se esfuercen los niños cuando en los capítulos anteriores no he dejado de mencionar el daño de estresarlos. ¿Acaso no es lo mismo que se esfuercen a presionarlos? ¿Cuál es la diferencia? ¿Cómo es que lo primero ayuda y lo segundo lastima?

Cuando digo que no presionen a los alumnos, que no los estresen, me refiero a obligarlos a estudiar material sin sentido y por las razones equivocadas: para que la escuela y los padres queden bien, para utilizarlos como trofeos o cuando lo que desean que aprendan aún no corresponde a su etapa de madurez (como en el caso de apresurar a los niños de preescolar a la lectoescritura). El niño se lastima porque está actuando en contra de su naturaleza y aunque le pedimos que se esfuerce, es un esfuerzo sin sentido, muchas veces desmedido y, por lo mismo, no disfruta sus logros. Esto en el caso de niños que pueden con esa presión, porque los que *no dan el ancho,* se sienten devaluados y se afecta su autoestima.

Si eres maestro no puedes condonar la flojera ni ser indulgente. Por el contrario, necesitas despertar en tus alumnos el gusto por el esfuerzo para fortalecerlos y que adquieran seguridad en sí mismos. ¿Qué hubiera ocurrido en el caso anterior si los padres de Roberto no lo hubieran apoyado con terapia y no lo hubieran empujado para que se esforzara? ¡Qué vida tan distinta tendría ahora! Pero Roberto probó el éxito de sus logros y le gustó, porque el éxito sabe delicioso y una vez que lo degustamos queremos más y más. Por eso cuando un maestro incita a sus alumnos para que se esfuercen y ellos logran lo que se proponen, los preparan para salir adelante en la vida.

## Sembrar la semilla del éxito

Los maestros deseamos preparar a los alumnos para que sean fuertes y decididos y consigan lo que quieren en la vida, sin embargo, los saboteamos y debilitamos cuando hacemos mancuerna con los padres en el consentimiento y la sobreprotección y al ofrecerles recompensas. Los convertimos en nuestros títeres y se vuelven pusilánimes y flojos, dependientes de los demás, temerosos del trabajo y con baja tolerancia a la frustración. Les asustan los retos y prefieren no intentar cosas nuevas por miedo a fracasar. Se desaniman cuando la tarea no es fácil por miedo a la desilusión y porque están acostumbrados a lo cómodo. ¿Podemos imaginarnos lo que les espera a futuro?

La gran contradicción es que los padres de estos niños consentidos de esta era permisiva al mismo tiempo dicen querer hijos exitosos. La palabra *éxito* tiene un lugar privilegiado en la actualidad. Muchos padres escogen la escuela buscando esta finalidad: que los preparen para ser exitosos, pero si se exige a su hijo que se esfuerce, se quejan. Y los maestros que no tienen imaginación, al no saber como motivarlos porque son flojos recurren a buscar recompensas para que cooperen. Por darle gusto a los padres, los maestros muchas veces se doblegan y pierden su integridad; hacen cosas que van en contra de lo que saben es lo mejor para el alumno pero no tienen el valor para enfrentarse a los padres y contradecirlos. Entonces los maestros se vuelven copartícipes de los padres debilitando a los niños.

Revisemos qué necesita una persona para ser exitosa, es decir, para conseguir en la vida las metas que se propone, cualesquiera que sean, y sentir satisfacción con lo que hace. Necesita las siguientes cuatro habilidades:

*Enfocarse, esforzarse, persistir y tener paciencia.*

Estos son los pilares del éxito. Sin ellos, jamás conseguirán las cosas importantes que quieren.

**Enfocarse** para poner su atención como rayo laser en lo que quieren lograr; para saber elegir lo qué quieren, reconocer su vocación y valorar lo que cuenta; para saber priorizar.

**Esforzarse** para dar lo mejor de sí mismos, para realizar lo que se requiere cueste lo que cueste y sentir la satisfacción de ir aprendiendo en el proceso, para poner todo el empeño.

**Persistir** para sostener ese esfuerzo, para no detenerse hasta conseguir lo que quiere; para no desalentarse ante las dficultades, ni desanimarse cuando los resultados no son los deseados y tener la fuerza para volver a intentarlo; para tener el valor de buscar nuevas soluciones cuando las anteriores no funcionan.

**Paciencia** para saber esperar y confiar en que la vida les dará lo que merecen; para darle tiempo al tiempo.

De todo esto se priva un niño que crece entre consentimientos, que todo le solucionan los padres y los maestros, y que le tienen que ofrecer recompensas para que coopere. ¿Por qué no confiamos en nosotros mismos como maestros pensando que encontraremos la forma de motivarlos por las razones correctas? ¿Porqué no recurrimos a nuestra pasión por enseñar para que esté niño quiera emularnos? ¿Porqué creemos tan poco en nosotros mismos?

Un maestro con pasión y entusiasmo contagia. Despierta el interés en la vida y motiva. ¿Qué mejor regalo puede dar a los alumnos?

Así pues, confía en que si lo que preparas para enseñarles es interesante y tocas su corazón porque lo transmites con entusiasmo y pasión, tus alumnos responderán. No necesitarán nada más.

## Preguntas para reflexionar

- ¿Trato a mis alumnos como si fueran una calificación?

- ¿Qué es más importante para mí, la calificación o que mis alumnos disfruten aprender? ¿Valoro más el resultado que el proceso?

- ¿Presiono a mis alumnos porque quiero que destaque mi grupo? ¿Por qué es esto importante para mí? ¿A quién estoy tratando de impresionar con los logros de mis alumnos?¿Veo a mis alumnos como trofeos?

- ¿Utilizo recompensas para estimularlos? ¿No confío en que sin ellas se esforzarán? ¿Por qué pienso que sin recompensas no darán lo mejor de sí mismos?

- ¿Pierdo mi integridad cediendo ante la presión del padre cuando sé que no es lo mejor para el alumno? ¿Trato de complacer a los padres de familia y sacrifico mis principios?

- ¿Mis clases son interesantes y las doy con entusiasmo? ¿Mi prioridad es tocar el corazón de mis alumnos para que se conecten con lo que enseño?

# Las escuelas entran en la competencia

Cuando las escuelas se dejan presionar por los padres y tratan de complacerlos para no perderlos como clientes, están buscando su propio beneficio. Al participar en esta carrera se olvidan de los alumnos y se convierten en empresas que se dedican a dar gusto a sus clientes. Pierden su integridad en el afán de apoyar el eslogan de *el cliente siempre tiene la razón.*

Es difícil saber cuál de los dos es el primer responsable de la presión escolar. Si las escuelas que compiten para sobresalir y ganar más alumnos o los padres que desean presumir a sus hijos como los más brillantes. Pero los que pagan el precio son los niños y jóvenes cuya salud emocional nadie toma en cuenta.

## El celo entre escuelas

Por otro lado, observo el celo que existe entre escuelas cuando me contratan para dar conferencias y pido que incluyan a otros colegios para que haya mayor audiencia, o cuando se molestan si "la competencia" (otros colegios) me invita a que colabore con ellos. Me parece una gran contradicción querer enseñar a los alumnos a convivir, tomarse en cuenta y compartir cuando los maestros y los directivos no son capaces de hacerlo entre escuelas. Nuevamente el problema es que se ubican como empresas y ven a las demás escuelas como la competencia, en vez de considerar que todos los institutos escolares están, al igual que ellos, trabajando para atender a la juventud.

## Vale la pena preguntarnos

- ¿Por qué tiene que ser mi escuela la mejor?
- ¿Acaso no puede cada una contribuir con algo distinto y único?

- ¿Por qué tenemos que competir entre colegios y descalificarnos?

- ¿Acaso no es posible convivir y apoyarnos en beneficio de la educación?

El celo entre escuelas surge de la inseguridad y el miedo. Entre más celosa es una escuela, más insegura es. Cuando una escuela valora y aprecia verdaderamente lo que aporta, puede compartir y apoyar a otras escuelas porque su atención está puesta en benficiar a la juventud, no en su beneficio propio. Al igual que en una relación personal, cuando la persona está segura de la relación con su pareja, no lo cela, pues confía en que el amor que los une sostiene la relación.

> "¿De qué escuela dices que viene?...claro, no me sorprende, con razón está tan atrasado, si esa escuela es una porquería."

No sabemos realmente qué ocurre en otras escuelas, así que hay que darles el beneficio de la duda. Juzgar a toda una escuela por la incompetencia de algún o algunos maestros es un error. Todas las escuelas tienen maestros con vocación que dedican su vida para tratar de sacar adelante a sus alumnos; poner a todos en el mismo barco no les hace justicia.

Juzgar y criticar a otras escuelas afecta el avance de la educación en general. Cómo la caja de cangrejos en donde ninguno logra salir porque los demás lo arrastran nuevamente al fondo, la competencia entre escuelas detiene el progreso de la educación del país. Mientras no cambiemos nuestra actitud respecto a otras escuelas y trabajemos unidos, la educación en general no podrá mejorar. Nuestros esfuerzos están dedicados a competir en vez de compartir para un beneficio común.

Cuando tengas la tentación de criticar a otra maestra o a otra escuela, pregúntate: ¿por qué me cuesta compartir?, ¿por qué me siento insegura?, ¿de qué tengo miedo?

Las siguientes afirmaciones te ayudarán a sentirte más segura y hacer a un lado el deseo de competir o menospreciar a otros maestros o colegios.

## Afirmaciones

* *Yo aporto algo único y diferente a mis alumnos.*
* *Valoro y aprecio lo que aporto a mis alumnos.*
* *Cada escuela contribuye algo distinto y único para el beneficio de la juventud.*
* *Aprecio lo que otras escuelas aportan a sus estudiantes.*

## Las tareas interminables

En esta carrera por ser la mejor escuela, los maestros han recurrido a dejar mucha tarea para que el alumno avance.

Este tema merece revisarse con detenimiento.

## ¿Qué finalidad tienen las tareas?

Las tareas surgen como un apoyo para la enseñanza que el alumno recibe en la escuela. Repito, un apoyo. La tarea era considerada como un complemento cuya finalidad era sólo reforzar el trabajo que el maestro desarrollaba por la mañana con los alumnos. Estas tareas eran cortas para dejar al alumno en libertad de jugar en las tardes con los amigos. En el preescolar las tareas eran inexistentes pues los educadores consideraban importante que un niño pequeño, después de asistir toda la mañana a un ambiente académico estructurado, en las tardes estuviera libre para jugar o no hacer nada.

Muchas generaciones crecieron sanas con este enfoque. Pero lo que observamos ahora en la mayoría de los sistemas educativos es muy distinto.

Hay escuelas que se enorgullecen de la cantidad de horas de tarea que dejan a sus alumnos, como si hubiera una relación directa entre la cantidad de tarea, el aprovechamiento y la calidad del maestro.

Más tarea = mayor aprovechamiento = mejor maestro

Es sorprendente ver que los alumnos ahora requieren mochilas con rueditas para arrastrar la cantidad de libros que necesitan diariamente para hacer la tarea. Este hecho por sí sólo debería detenernos para considerar lo absurdo del sistema de educación que están impartiendo las escuelas.

¿Pensarán que hay una relación directa entre el volumen y peso de los libros que llevan a casa para las tareas y la calidad de la escuela?

Más peso en libros = mejor escuela

"Mis hijos llegan a casa y comen. Terminando se sientan a hacer la tarea si quieren que les dé tiempo de ver su programa de televisión. Y de ahí, cenan, se bañan y a la cama. Los días que tienen alguna clase en la tarde, apenas les da tiempo de terminar la tarea y a la cama. ¡Qué vidas tan distintas llevan de cuando yo era niña!"

Efectivamente, ¡qué vidas llevan estos niños! Deberíamos sentir compasión al ver que no tienen tiempo de ser niños. Que por este afán absurdo de que *no se queden atrás,* los estresemos de esta forma. Si esto fuera sano, no habría el incremento que hay en niños con problemas emocionales y de aprendizaje, depresión y autismo.

Pero ¿cuándo se convirtieron las tareas en un sustituto de la enseñanza del maestro? ¿Cuándo se convirtió el padre de familia en otro maestro que tiene que sentarse toda la tarde a explicarle al hijo? Cuando las escuelas perdieron su objetivo principal de educar tomando en cuenta las necesidades del alumno, en vez convertirse en empresas compitiendo en un mercado cuya finalidad es impresionar a sus clientes.

Los alumnos no deberían pasar más de 90 minutos haciendo la tarea y este tiempo debería organizarse de la siguiente manera:

15 min   El chico busca la tarea.

11 min   Llama al amigo para pedírsela.

23 min   Explica por qué el maestro la "trae contra él".

8 min   Va al baño.

10 min   Come una botanita.

7 min   Revisa qué hay en la tele.

6 min   Se queja de que el maestro nunca explicó.

10 min   Espera mientras la madre le hace la tarea.

(Tomado de: *Teacher Laughs,* Random House, Nueva York, 2004)

En mis conferencias para padres de familia, me gusta decirles en broma, que las escuelas deberían tener dos boletas de calificaciones, una para el alumno y otra para ellos, para poder comentarles:

"Señora Sánchez, la felicito, va usted muy bien en fracciones."

"¡Bravo! Señor González, le quedó maravillosa la maqueta."

Cuando son los padres los que hacen la tarea, merecen un reconocimiento, ¿no les parece?

Considera lo siguiente cuando dejes tarea:

1. *La tarea sólo debe ser un complemento de tu clase.*
   Asegúrate de que no sea algo nuevo que necesite el padre o la madre explicar. Recuerda que tú eres el maestro y es tu responsabilidad que el alumno haya comprendido la lección. El trabajo del padre es sólo vigilar que haga la tarea, y cuando su hijo no comprenda, hacértelo saber.

2. *No dejes tarea cuando no sea necesario.*
La tarea debe tener sentido. Cuando no sea necesaria, dales un respiro. No dejes tarea nada más por dejarla.

3. *Nunca dejes tarea como un castigo.*
Si lo haces, el alumno hará la asociación mental,

*Tarea = castigo*

Es así como los alumnos llegan a odiar las tareas.

Hay maestros que desahogan sus frustraciones personales castigando a los alumnos. Revisa si este es tu caso y busca ayuda. Tus alumnos no tienen por que pagar por tus frustraciones y tus problemas emocionales.

En lugar de dar una tarea como castigo, aplica una consecuencia que esté relacionada con lo que el alumno hizo y aplícala de manera respetuosa.

4. *No dejes tarea en las vacaciones.*
Por algo son vacaciones, para permitir que el alumno descanse del trabajo académico y regrese fresco y recuperado. Somos seres rítmicos y de la misma manera que a través del sueño nos recuperamos cada noche, el ciclo escolar necesita estos periodos de vacaciones para que el alumno *olvide* el trabajo escolar y ocurra un proceso natural de asimilación.

Por otro lado, cuando un maestro deja tarea en las vacaciones no sólo afecta al alumno, sino también a la familia. Los padres lo resienten y con justa razón.

"¿Cancelo la reservación para ir a la playa? Va a ser muy difícil que Rodrigo se lleve todo lo que necesita para terminar el proyecto que tiene que entregar al regreso de las vacaciones. ¡No sé qué estaba pensando este maestro! Si lo que quería era arruinarnos a todos las vacaciones, ¡lo logró! Me encantaría echarle a perder las suyas, ¡a ver si así se le vuelve a ocurrir!"

Esta presión académica está ligada a la depresión infantil. Un niño deprimido es un niño que dice como Mafalda: "Paren al mundo que quiero bajarme". Y todo por esta carrera absurda en la que participan no sólo los padres sino también los maestros y las escuelas.

"Lo siento, Yukiko, ya sabes que no puedes salir a jugar con tus amiguitos, hasta que hayas practicado el violín una hora y terminado dos horas de tarea como me indicó tu madre", dice la abuela a cargo del nieto que llegó de vacaciones de Japón. "Diles que regresen más tarde."

Un niño que no tiene descanso para jugar, que no puede ser niño, es culto pero infeliz.

5. *Calcula cuánto tiempo le tomará a un alumno promedio (no al más rápido) de tu clase completar la tarea.*
Recuerda que el alumno necesita recuperarse en la tarde haciendo otras actividades. Es importante que le sobre suficiente tiempo para jugar y descansar.

6. *Toma en cuenta la tarea que dejan los demás maestros.*
Cuando un maestro deja tarea como si fuera el único sabiendo que no lo es, dice sin palabras: "Yo soy el más importante y los demás no cuentan". El que paga el precio de su arrogancia es el alumno que tiene horas interminables de tareas, cada una de un maestro que se cree el "único".

Un buen maestro siempre toma en cuenta a los demás maestros de su grupo cuando asigna una tarea. Considera *su tarea* sólo como una parte del total de horas que tendrá que resolver el alumno esa tarde y se asegura de que no sea demasiado.

Visitando una escuela en Estados Unidos, una maestra me confesó: *"Cuando me inicié hace 25 años tenía uno o dos alumnos con dificultades, pero ahora ocho de mis 24 alumnos reciben algún tipo de ayuda especial, física, emocional o de aprendizaje"*. Esto me parece alarmante, ¿cuándo vamos a detenernos para ver que vamos por el camino equivocado? ¿Cuántos niños más necesitan quedar afectados antes de que hagamos un cambio?

Pero la pregunta más importante de todas es, ¿a quién corresponde poner un alto a esta situación? Pues a las personas más conscientes, más despiertas. Por eso escribo este libro, con el interés de ayudarte como maestro a observar y conocer las necesidades de tus alumnos, y responder ante esas necesidades. Para que mediante tu trabajo también ayudes a los padres de familia a ubicarse como los reponsables del bienestar emocional de sus hijos. Es importante hacer un cambio en la educación y hacer hincapié en atender al alumno como un ser integral, con inteligencia, sí, pero también con una vida emocional que tiene que ser cuidada y protegida.

Tú como maestro ¡puedes hacer la diferencia!

# Capítulo 5

# Conócete a ti mismo

## Sé un observador consciente

Hay una diferencia entre ver y observar. Observar es vernos con atención haciendo a un lado nuestros prejuicios, proyecciones y transferencias para poder ser objetivos, conocer al alumno y atenderlo de la mejor manera.

### Revisa tus prejuicios

Pensamos equivocadamente que no tenemos prejuicios. Y digo equivocadamente porque desgraciadamente los prejuicios de nuestros padres a todos nos fueron heredados. Así que vale la pena detenerte para revisar qué recibiste de tus progenitores y qué además has ido recogiendo en el camino de tu educación escolar, de los medios de comunicación, y de la sociedad en general.

Estos prejuicios necesitan desecharse como ropa vieja pesada que te impide avanzar y relacionarte sanamente con tus alumnos. Porque los prejuicios son como lentes empañados que no te dejan verlos con claridad. Conforme te vayas liberando de ellos, ese cristal será diáfano y contemplarás verdaderamente a la persona.

"Este año tengo a un grupo de alumnos tremendo: ¡demasiados hombres! Son bruscos, peleoneros, agresivos… ¡no sé como los voy a aguantar!", se queja la maestra de segundo de primaria. "¡Pues te los cambio!", le responde la maestra de cuarto grado: "Yo prefiero a los niños que a las niñas que son una bola de chismosas e intrigosas. Hacen drama por todo y se la viven quejándose".

Estas maestras ni cuenta se han dado de que tienen prejuicios de género. La primera tiene preferencia por las mujeres y la segunda por los hombres. No se percatan de que estas preferencias marcan cómo los tratan. Una maestra que prefiere a las mujeres de su salón las tratará mejor y no será justa con los varones.

Generalmente cuando hablamos de prejuicios, nos referimos a los raciales, pero hay todo tipo de prejuicios. A continuación enumero algunos:

* *Raciales (güeros vs. morenos)*
* *De género (por preferencia sexual)*
* *Económicos (ricos vs. pobres, proletarios vs. burgueses)*
* *Culturales (cultos vs. incultos, inteligentes vs. tontos, etcétera)*
* *Estéticos (guapos vs. feos, gordos vs. flacos, bien vestidos vs. mal vestidos, buen gusto vs. mal gusto, etcétera)*

Si no reconoces y desechas tus prejuicios serás injusta al tratar a tus alumnos y les faltarás al respeto.

"Estos niños riquillos son insoportables, están echados a perder. Es imposible trabajar con ellos, son unos buenos para nada."

"Esa niña gordita tiene una cara linda, es una pena que la madre no la ponga a dieta."

"Esa niña parece monja, ¡qué horror!"

"Ese niño prietito, pobrecito, que feíto está. Con razón nadie quiere jugar con él."

"Esa niña tiene una religión bien rara."

"Mira nomás que facha de niña. Sus papás han de ser unos nacos."

"Ese güerito de ojos azules me encanta, está divino."

"Qué guapo, lástima que sea chaparrito."

(A niños arañándose) "Ya dejen de estar peleando como niñas."

"Si sigues trayéndome chismes te voy a poner una faldita."

"Eres un chillón, ¡hasta pareces niña!"

"¡Eres un indio!"

Escuchen con atención los comentarios de sus colegas y podrán detectar sus prejuicios. Pero más que nada, obsérvense a sí mismos para reconocer los propios, pues sólo así podrán hacer un esfuerzo consciente por cambiarlos.

Nuestros prejuicios nos incapacitan para hacer una verdadera conexión con el alumno, pues nos impiden verlo. Los juicios nos separan de las personas y no dejan que se devele su verdadero ser. Cuando el alumno no se siente visto, se queda resentido.

Pero lo peor de no estar conscientes de nuestros prejuicios es que los heredamos a las siguientes generaciones.

Un alumno nuevo ingresa en la escuela, pertenece a una religión distinta a la mayoría de sus compañeros y tiene una manera extraña de hablar. Sus compañeros se burlan y lo molestan hasta que la maestra habla con el grupo un día que falta a clases. "¿Pueden imaginarse como se siente Mario cuando lo molestan por ser diferente? Dense la oportunidad de conocerlo…"

Después de hablar con el grupo hubo un cambio en su actitud y empezaron a incluirlo, pues intimando con él descubrieron que su madre lo abandonó cuando tenía 4 años. El padre, aunque hacía su mejor esfuerzo por educarlo, le pagaba por cada tarea que hacía en casa, pero le exigía que pagara todos sus gastos y lo multaba cuando hacía algo incorrecto, por lo cual ¡siempre estaba en deuda!

Cuando la escuela organizó una excursión, la directora descubrió a Mario vendiendo sus libros. Lo mandó llamar y le ofreció un préstamo que podía pagar a plazos para que pudiera ir a la excursión.

Cuando los maestros y directivos aceptan al alumno y dan el ejemplo de cómo debe ser tratado, ayudan a los demás a hacer a un lado sus prejuicios y cambiar sus actitudes de maltrato.

Este es un buen ejemplo de maestros que guían y apoyan cuando el alumno tiene dificultades en casa, pues reconocen su verdadera labor como maestros: echar la mano cuando el alumno tienen dificultades.

## Suelta tus ideas preconcebidas

"¡Pobre de ti! No sabes lo que te espera con tu nuevo alumno, Rodrigo. A mi me hizo la vida imposible. Yo pedí a la directora que lo sacara del colegio, pero no me hizo caso. A ver cómo te va, ¡en verdad te deseo suerte!", le advierte la maestra de 4° grado a la de 5° el primer día de clases.

El maestro anterior jamás debería advertirle al maestro en turno sobre su experiencia negativa con algún alumno, pues le trasmite un prejuicio y el alumno tiene menor posibilidad de iniciar una relación nueva con el profesor en turno.

Cuando recibas a un grupo nuevo de alumnos presta oídos sordos a los comentarios negativos. Recuerda que cada alumno tiene tanto deficiencias como fortalezas, y que tú puedes elegir en qué te enfocas. Si el maestro anterior puso su atención sólo en sus debilidades, tú puedes elegir algo distinto.

Dales el regalo de recibirlos de una manera fresca, libre de los juicios de los demás. Todos merecemos esta oportunidad y si otro maestro tuvo una mala experiencia, no quiere decir que tengas que repetirla.

Así que cuando este alumno llegue contigo por primera vez, olvida lo que has escuchado y piensa:

*No sé quién eres. Me abro para conocerte.*

Tener esta intención permite que veas quién es, en vez de quién *quisieras* que fuera, o quién *supones* que es.

## Reconoce tus proyecciones y transferencias

Nuestra mente nos pone trampas y ni cuenta nos damos. Ese alumno que te cae mal *gratis*, puede ser que sea porque te recuerda a ese tío que no soportas. Esa niña que te saca de quicio porque se te cuelga, resulta que es parecida a tu hermana que no te suelta. O ese alumno grosero te recuerda cómo te trata tu padre.

Proyectamos las experiencias que tenemos con algunas personas en otras que tienen rasgos similares, ya sean físicos o emocionales. Puede ser un gesto, la forma de hablar, una actitud o algún rasgo físico. Para desgracia del alumno, estas proyecciones inconscientes provocan tu irritación y tu rechazo. ¿Nos podemos imaginar una situación más injusta?

En otros casos transferimos rasgos nuestros que quizás no hemos aceptado.

"Ese niño es tan egoísta, nunca comparte sus cosas. Todo lo quiere para él. Ya le llamé la atención pero no me hace caso. ¡Es un necio!", se queja Raquel, la maestra de preescolar. "El burro hablando de orejas", piensa su asistente: "¿Cuándo ha compartido ella algo? Es la persona más avara que conozco".

"¿Porqué eres taaan terco? Ya me cansé de decirte una y otra vez ¡que no lo hagas de esa forma!", dice la maestra que todos saben cuan testaruda es.

Para ahondar en este tema te recomiendo el libro *Tu hijo, tu espejo* de Martha Alicia Chávez.

## Conoce tu temperamento

Para ser un buen maestro es indispensable que conozcas tu temperamento. Yo tenía 10 años como maestra cuando escuché hablar de los temperamentos por primera vez en relación a la educación con el trabajo del Dr. Rudolf Steiner y esto le dio un giro a mi manera de enseñar. Hasta ese momento no me había percatado de que todos esos años había estado tratando de homogenizar a mis alumnos, es decir, quería que todos fueran igualitos y como a mí me convenía.

Cuando profundicé en las diferencias de los distintos temperamentos, me di cuenta de lo absurdo de tratar de hacer eso. Reconocí mi temperamento (colérica–sanguínea) y me di cuenta cuánto influía en la manera en que percibía a los alumnos y mi manera de reaccionar ante ellos. A través de mi trabajo personal en relación a mi temperamento aprendí a aceptar las diferencias entre mis alumnos, a darles su lugar en vez de juzgarlos y a ser más tolerante y paciente.

Es indispensable conocer los distintos temperamentos y cómo influyen en tu manera de enseñar y en la forma de aprender de tus alumnos. Todos tenemos una combinación de los cuatro: sanguíneo, melancólico, colérico y flemático, porque no existen en forma pura, pero generalmente predomina uno o dos. A continuación te presento una síntesis de estos temperamentos en relación con la educación, pero para profundizar te invito a revisar con detenimiento mi libro "Disciplina con amor tu familia, conocer los temperamentos armonizan las relaciones" y su complemento, el libro "Disciplina con amor tus emociones" que tiene muchos ejercicios de trabajo interno. Trabajar con ambos libros y el test incluido te ayudará a ser más comprensiva, aceptante y paciente con tus alumnos y con tus relaciones en general.

Revisemos el estilo para enseñar de cada temperamento:

La *maestra sanguínea* es alegre, simpática, muy sociable, platicadora, pero dispersa, distraída y desordenada, y tiene dificultad para cubrir el programa escolar pues se pierde en tantas cosas interesantes que quisiera darle a sus alumnos. Cuando no prepara su clase es buena para *sacarse las cosas "de la manga"* e improvisa. Tiende a ser *cuate* de sus alumnos y a darles por su lado en su afán de caerles bien y, por lo tanto, tiene dificultades para ponerles límites. Es muy popular y tiene muy buena relación con los padres de familia, de los cuales ¡conoce todo! Su espontaneidad y jovialidad aligeran el ambiente de cualquier escuela.

Puede ser coqueta, seductora, demasiado preocupada por su arreglo, superficial, oportunista y chismosa.

> "Sofía la maestra de preparatoria dice que lo más importante es estar cerca de los muchachos, pero me pregunto si para eso es necesario que se vista tan provocativa: con mallones de leopardo, chamarra de cuero, blusa escotada y con botas. ¡Está disfrazada de adolescente! Y eso de ir al antro con ellos… no sé, no me parece", le confía una maestra de secundaria a su colega.

La *maestra melancólica* es delicada, muy sensible, detallista y amable. Se preocupa por sus alumnos y es cariñosa. Es reflexiva, prepara con cuidado sus clases pero es insegura y no tiene la fuerza para poner límites a los alumnos que muchas veces se aprovechan de su amabilidad. Tiende a ser complaciente pues quiere ser querida y su tono de voz es suave. Le teme a los padres de familia y cualquier queja la toma de manera personal. Puede ser negativa, victimizarse y ser la que siempre ve el "frijol en el arroz".

> "Yo creo que no es buena idea hacer el festejo en el patio, porque yo recuerdo que hace cuatro años llovió justo en ese día que es cumpleaños de mi madre", advierte Selma, la maestra de preescolar. "Cuando no", piensa con impaciencia su colega: "Otra vez la típica aguafiestas, ¡siempre pensando lo peor!"

La *maestra flemática* es tranquila, habla pausado y no le corre la vida. Todo lo hace a su tiempo y no conoce la prisa. Es callada y observadora, objetiva y una excelente amiga. No se mete con nadie, no le gustan los chismes y tiene una paciencia infinita, por lo cual no ve para qué poner límites a sus alumnos. Le encanta la rutina y puede ser aburrida haciendo siempre lo mismo de la misma manera y a la misma hora, pero es responsable y cumple con todas las normas. No se altera pase lo que pase y es excelente en cualquier caso de emergencia.

Siempre se puede contar con ella pero le falta iniciativa.

La *maestra colérica* es enérgica, fuerte y se impone. Los alumnos la obedecen por miedo y tienen cuidado de no pasarse de la raya. Se enoja con facilidad y con intensidad por lo que corre peligro de lastimar al alumno cuando se altera. Tiene muy claras sus metas, es perseverante y toma muy en serio su trabajo. Le encantan los retos y es competitiva, tratando siempre de ser la mejor. Puede ser arrogante e impositiva pues piensa que siempre tiene la razón y no le gusta que la corrijan. Menosprecia a los débiles y es impaciente con los alumnos lentos o poco inteligentes. Es efectiva, rápida y organizada y tiene excelente atención. Es comprometida y se pone la camiseta del colegio y puede ser una buena líder. Me confesó una maestra colérica:

"Cuando me inicié como maestra era muy autoritaria. Aún recuerdo el placer que sentía al romper ruidosamente la hoja de examen de un alumno por copiar, así como taconear para que supieran que estaba por llegar con mi cara de gendarme."

¿Te reconoces en alguno de estos temperamentos? Seguramente encontrarás rasgos tuyos en los cuatro pero es importante identificar cuáles predominan para entender mejor tu manera de relacionarte con los alumnos. Cuando doy el taller de temperamentos y les pido que se dividan en grupos por temperamentos me sorprende cuántos maestros no saben dónde colocarse. Es claro que se conocen poco y necesitan ayuda de sus colegas para saber en qué grupo participar. En algunos casos insisten en ser parte del grupo del temperamento que quisieran ser, pero no son. Están eligiendo de acuerdo a la imagen idealizada que tienen de sí mismos en lugar de lo que corresponde a su realidad.

Entre mejor te conozcas, más posibilidades de crecimiento tienes. Por eso el conocimiento de los temperamentos es invaluable.

## ¿Eres autoritario o permisivo?

Si ubicas cuáles temperamentos predominan en ti, puedes concluir fácilmente si tiendes como maestro a ser autoritario o permisivo. Sólo los que tienen como temperamento predominante el colérico tenderán a ser autoritarios, es decir, por ser fuertes no tienen dificultad para poner límites. Los otros tres: el sanguíneo, el melancólico y el flemático, son más suaves y la disciplina se les dificulta. Puede ser que den *bandazos* y se vayan de un extremo a otro, es decir, son permisivos hasta que se hartan y entonces se vuelven autoritarios y pegan un grito, regañan, castigan… pero al poco rato se sienten culpables, regresan de nuevo a ser permisivos y dejan que hagan lo que quieran. En una palabra, les cuesta trabajo ser congruentes con la disciplina.

Todos tenemos una de estas dos tendencias: a ser demasiado suaves o demasiado duros. Obsérvate a ti misma para que sepas cuál es tu debilidad, porque es sólo a través del trabajo personal que puedes aspirar a un punto de equilibrio que me gusta llamar *educación consciente*.

Educación consciente empieza con "e" de equilibrio, un equilibrio que no ocurre solo. Requiere presencia, atención y trabajo personal. Todos, independientemente de su temperamento, pueden ser excelentes maestros, maestros excepcionales. Pero requiere trabajo interior para lograrlo, porque como habrán notado, no hay un temperamento que sea mejor que otro. Cada uno tiene sus fortalezas así como sus debilidades y nadie se salva de trabajar consigo mismo.

## Conoce tus demonios

Así, anímate a conocerte para saber de qué pie cojeas y puedas mantener a raya tus características bajas, débiles. Porque entre mejor las conozcas, más las dominas y dejan de dirigir tu vida. La persona más peligrosa es la que se piensa "buena, mejor que los demás e incapaz de lastimar". Estas personas fácilmente pueden ser presa de sus instintos bajos porque aún no los identifican.

Estas características bajas las conforman distintos *chamucos*, entre ellos un par de gemelos que siempre andan juntos y que son predilectos de los maestros.

El *vengador* y el *castigador*.

"Lucas…" "Perdón, maestro, pero me llamo Lucca", aclara el alumno al maestro de universidad.

El día siguiente el maestro al pasar lista lo llama en tono burlón, "Lucasss…", a lo cual él alumno responde: "Dígame, maestro Cuauhtemocsss,…" y el grupo suelta la carcajada.

A final de mes el maestro en vez de calificarlo con el 10 que merecía, sólo le da un 8.

Este es un buen el ejemplo de un maestro que da rienda suelta a estos gemelos, y es injusto y deshonesto al abusar de su posición para aprovecharse del alumno.

Aunque este no es el caso, cuando un alumno te reta o te provoca activa a estos personajes dentro de ti y la tentación de abusar de tu poder buscando vengarte y castigar, es enorme. Pero cabe la posibilidad de detenerte, sentir estos deseos vengativos y castigadores y elegir no actuar a través de ellos. Esto previene que te aproveches del alumno, que busca en ti un guía maduro que haga lo correcto.

El *burlón* y el *sarcástico*.

"Maestra, me duele la cabeza." "Pues como no te va a doler, si no estás acostumbrado a usarla…"

El grupo seguramente soltará la carcajada pues el comentario de este maestro es muy ocurrente… pero lastima. Su demonio, el sarcasmo, tiene un precio que paga el alumno al que ha avergonzado.

Recibí este correo que también ilustra muy bien este demonio:

Emanuel es un joven de 14 años poco destacado en clase con bajas calificaciones, pero en estas dos últimas semanas empezó a cumplir con tareas, a participar en clase y un día frente a todos sus compañeros muy orgulloso me dijo: "Miss, mire, engargolé mi libro de química, hasta le puse pastas transparentes".

Le contesté: "Qué bien…. ahora…" Aprovechando que tenía la atención de todo el grupo tuve la tentación de agregar: "¡úsalo!"

Pero me detuve, pues me di cuenta de que mi comentario burlón lo hubiera lastimado. Para este alumno era un gran logro interesarse lo suficiente como para engargolar sus apuntes y yo estaba ¡a punto de ridiculizarlo!

Gracias por ayudarme a pensar antes de hablar, a que poco a poco aprenda a respetar a los demás y a no dañar su autoestima.

BRENDA HEREDIA,
MAESTRA DE QUÍMICA Y BIOLOGÍA DE SECUNDARIA.

Todos tenemos a nuestros demonios, no se trata de negarlos o ignorarlos, sino de verlos de frente y ubicarlos para que no tomen la delantera. Algunos maestros disculpan sus burlas y su sarcasmo arguyendo que es sentido del humor y que "sólo se están divirtiendo". Pero la verdad es que lastiman a los alumnos.

"Qué suerte tienes de tener a Ulises de maestro, es simpatiquísimo", le dice la tía a su sobrino. "Es muy malo, se burla de nosotros", le contesta dejando perpleja a la tía.

Cuando un maestro quiere tratar de la misma forma a sus alumnos que a sus colegas las consecuencias pueden ser nefastas. Lo que es simpático y divierte al adulto, al niño lo lastima, pues el maestro y el alumno no son iguales en madurez y experiencia. Este último está en franca desventaja y al no saber cómo defenderse de sus comentarios y bromas, se siente ridiculizado y avergonzado.

*Guarden sus bromas y choteos para sus colegas.*

Tenemos muchos demonios y de todos tipos. Se disfrazan de muchas maneras y pueden ser a veces muy obvios y otras veces muy sutiles. Entre más sutiles, más hábiles tenemos que ser para identificarlos. Pero aprende a escucharlos, sólo así sabrás qué quieren y porqué están en tu vida, después tómalos de la oreja (en este caso ¡sí está permitido!) y arrástralos al rincón. Diles que ya los escuchaste pero que no les vas a hacer caso.

A lo largo de esta lectura podrás seguir reconociendo los distintos demonios que forman parte de tu persona.

## El temperamento de los alumnos

El hecho de que un alumno te caiga bien, y otro no, puede estar relacionado con los temperamentos. Si eres colérico o sanguíneo te va a impacientar un alumno flemático, mientras que si eres melancólico te va a intimidar el alumno colérico.

Para darles una probada y que se interesen en conocer con detalle cada temperamento, revisemos algunas características de estos alumnos:

*El alumno sanguíneo:* es activo e inquieto, le cuesta trabajo estar sentado, con cualquier excusa se para, pide ir al baño o juguetea con sus útiles. Su cara es expresiva y generalmente está contento. Su cuerpo es esbelto y sus movimientos graciosos. Es muy sensible a los estímulos físicos y por eso su mirada pasa de una cosa a otra. Todo llama su atención: algo brillante, algo que se mueve, un ruido y, por lo tanto, le cuesta trabajo poner atención. Empieza un trabajo con entusiasmo y trabaja rápidamente sin preocuparse por los detalles o si está mal hecho y muchas veces no termina porque se distrae o se aburre. Es muy sociable, con todos los alumnos tiene que ver y no para de hablar. Nada le da pena, es extrovertido y le encanta la diversión. Puede ser muy ocurrente y simpático.

En diciembre del **2000** cuando el **Popocatépetl** empezó a hacer erupción, la directora de una escuela en **Puebla** citó en su oficina a una alumna de secundaria que había reprobado.

"Laura, explícame qué pasó, ¿porqué no estudiaste?" "Maestra, el **Popo** está por explotar y vamos a morir envueltos en una nube piroplástica, ¿usted pasaría sus últimos días estudiando?"

*Recomendaciones para el maestro del alumno sanguíneo:*

* Sentarlo al frente para que tenga menos distractores y se le pueda llamar la atención cuando se dispersa.

* Asegurarse que termina sus trabajos y tareas.

* Permitirle que se pare, puede ser el mensajero o el repartidor de material.

* Si el maestro tiene una buena relación, el alumno sanguíneo se esforzará y pondrá atención para complacerlo.

* No dejarse manipular y seducir por su simpatía cuando es necesario ponerle un límite.

*Recomendaciones para los padres:*

* Reducir la cantidad de azúcar que ingiere para que esté menos estimulado.

* Recomendar que tenga una rutina para comer y dormir.

* Reducir el uso de la tecnología.

* Reducir la cantidad de actividades extracurriculares.

* Reducir estímulos cuando hace la tarea: eliminar ruidos, música y apagar la TV. Permitirle que tome pequeños descansos.

El niño sanguíneo ya es un niño estimulado, y es por eso que es importante reducir los estímulos lo más posible y cuidar su alimentación para que no se vuelva nervioso o hiperactivo.

*El alumno melancólico:* tiene una constitución física frágil y delicada, tiene la cara larga con ojos bellos grandes de mirada lánguida y generalmente es delgado. La expresión de su cara es seria o triste y es callado, tímido y se apena fácilmente. Es cariñoso y dependiente y cuando es pequeño le cuesta trabajo separarse de la madre al llegar al colegio. Es muy sensible y fácilmente se siente ofendido. Tiene buena memoria y no olvida las ofensas por lo que le cuesta perdonar y puede ser rencoroso. Le gusta quejarse para recibir atención y llora con facilidad. Su voz es suave y baja por lo que a veces hay que pedirle que hable más fuerte. Sufre cuando tiene que pasar al frente del salón o hablar en público. Es soñador y romántico y nos da la impresión de que está en la luna. Se esmera cuando hace su trabajo, pero puede tardarse demasiado cuando se pierde en los detalles. Tiene un buen amigo del que no se separa y, en privado, cuando se siente en confianza, puede ser muy platicador y chistoso. Es servicial y le gusta ayudar a otros. Le encantan las historias tristes o dramáticas, pues le permiten identificarse con el sufrimiento de otros.

*Recomendaciones para el maestro del alumno melancólico*

* No sentarlo al lado de un colérico, pues se sentirá apabullado.
* Escucharlo con atención cuando se queja o llora, empatizar pero no darle cuerda.
* Tomar en cuenta su sensibilidad cuando lo regañamos, pero no por eso dejar de ponerle límites.
* Debemos llamarle la atención en privado.
* Abrirlo al dolor de los demás para que no se victimice y piense que es el único que la pasa mal.
* Tomar en cuenta su timidez pero no permitirle que sea dependiente.
* Pedirle favores para que sirva y ayude a otros.

*Recomendaciones para los padres*

* No sobreprotegerlo.
* Dejar que se valga por sí mismo y resuelva sus problemas.
* Respetar su necesidad de privacidad pero no dejar que se aísle.

*El alumno colérico:* es fuerte, compacto y de hombros anchos. Sabe lo que quiere y cuando algo se propone no hay quien lo detenga. Tiene buena atención, cuando algo le interesa no quita el dedo del renglón. Le encantan los retos y con su tenacidad y fuerza de voluntad vence cualquier obstáculo. Se enoja con facilidad cuando las cosas no salen como él quiere y hace berrinche, y si se enfurece puede agredir o pegar. Es competitivo y no le gusta perder. Cree siempre tener la razón y le molesta que lo corrijan o lo manden. No es sensible a las necesidades de los demás, pero su fuerza y determinación hace que otros niños lo sigan. Cuando no respeta al maestro lo provoca y lo reta haciéndole la vida imposible. Le gustan las historias heroicas, pues se identifica con el héroe sintiéndose invencible.

*Recomendaciones para el maestro de niño colérico*

* Debe inspirar respeto y autoridad.

* Debe cumplir lo que dice.

* Debe saber manejar su enojo.[2]

* Pedirle las cosas por las buenas.

* Reconocer su fuerza y sus habilidades.

* Sensibilizarlo para que tenga empatía y no lastime.

* Darle actividades físicas que lo desgasten.

* Proporcionarle retos.

* Darle responsabilidades, puede ser un asistente.

Si el maestro se hace respetar el alumno colérico puede ser su gran aliado, pero si no, le puede causar muchos dolores de cabeza.

---

[2] Vea en *Disciplina con amor para adolescentes,* los capítulos 4 y 5; en *Conocer tu temperamento mejora tus relaciones,* (p. 78) el manejo del enojo; y en *Explora tus emociones para avanzar en la vida* (pp- 69-80).

*Recomendaciones para los padres*

* No intimidarse con sus desplantes de cólera.
* Ser un ejemplo del manejo adecuado del enojo.

*El alumno flemático:* es tranquilo, bonachón y complaciente. Su cara es inexpresiva por lo que nunca se sabe lo que está pensando. No le gusta discutir, por lo que permanece callado y después hace lo que quiere. Todo lo hace lento: caminar, hablar, escribir, comer… Toma su tiempo y le encantan las rutinas, pues los cambios lo estresan y lo sacan de equilibrio. Es solitario y los demás alumnos tienden a ignorarlo. Nunca alza la mano en el salón de clases pues no tiene interés en llamar la atención, y prefiere dejar que otros sean el centro de atención. Es callado y un buen observador. Cuando habla lo hace despacio impacientando a sus compañeros que se desesperan. Es ordenado y meticuloso y hace su trabajo con cuidado pero a su paso. Detesta los deportes porque es sedentario y no tiene interés en competir. Desde que llega al salón está pensando en la hora del refrigerio porque le encanta comer y fácilmente sube de peso.

*Recomendaciones para el maestro del alumno flemático*

* Respetar su ritmo lento y darle más tiempo para que complete su trabajo.
* Poner el ejemplo escuchándolo con atención cuando hable aunque tarde en expresarse.
* No permitir que otros alumnos lo excluyan.
* Sentarlo atrás pero no olvidarlo.
* Animarlo para que haga algún tipo de ejercicio que no sea competitivo.
* No permitirle que esté siempre sentado o comiendo.

*Recomendaciones para los padres:*

* Cuidar su dieta.

* Respetar su ritmo.

* Invitar algún amigo por lo menos una vez a la semana.

Siempre que me refiero al flemático hago la aclaración de que ser lento no quiere decir ser tonto. El genio Albert Einstein era de temperamento flemático. Así que vale recordar que una persona puede ser muy rápida y nada lista o ser muy lento y sumamente inteligente.

Comprender el temperamento no significa condonar el comportamiento de la persona.

*"Siempre está enojado, es que es colérico."*

El hecho de ser colérico, no significa que deba estar siempre enojado. Hay que revisar qué lo está estresando para que esté de tan mal humor.

*"Como es sanguínea, nunca puede estar sentada."*

Aunque sea sanguínea tiene que aprender a estar sentada cuando la situación así lo requiera. Si está nerviosa o hiperactiva hay que averiguar por qué.

*"Así es, cuando no se queja, llora, es que es muy melancólica."*

Ser melancólico no quiere decir estar infeliz. Un niño que continuamente se queja y llora necesita ayuda.

*"Por supuesto, qué esperabas, no va a terminar su trabajo, ¡es un flemático!"*

Hay que darle más tiempo al flemático pero es importante que termine su trabajo. Ser flemático no quiere decir que no tiene que cumplir con sus deberes.

Hoy en día tendemos a valorar más a los temperamentos coléricos y sanguíneos y a menospreciar a los melancólicos y flemáticos. Nuevamente es necesario recordar lo que mencioné sobre los prejuicios. Pensar que un alumno es mejor que otro porque tiene un temperamento que nos agrada, es injusto. Estamos valorando al alumno desde nuestra perspectiva limitada. Tengan cuidado también de no etiquetarlos, pues esto evitará que los vean con una mirada fresca cuando les muestren nuevas y diferentes facetas de su desarrollo y de su individualidad.

La convivencia con alumnos de los distintos temperamentos nos enriquece al confrontarnos con nuestras debilidades. Cada maestro tiene en su salón de clase el laboratorio perfecto para aprender lo que necesita para crecer. Si cada maestro, a través de su crecimiento personal, se avoca a mejorar la relación que tiene con sus alumnos, estará contribuyendo a efectuar un cambio positivo que repercutirá con el tiempo en su comunidad, la sociedad y en el país entero.

Nuestro trabajo hace una diferencia, impactemos a las siguientes generaciones con nuestro esfuerzo por conocernos mejor y trabajar nuestras limitaciones para ser mejores personas.

# Capítulo 6

# ¡Auxilio, no sé cómo poner límites!

## Disciplina con amor en el aula

"Creo que me voy a retirar. Soy maestra de música y tengo más de 30 años enseñando pero me doy cuenta de que no entiendo a los niños de hoy. Recuerdo con nostalgia cuando daba mi clase y los alumnos eran respetuosos y cooperaban con gusto. Ahora es muy diferente, nada les gusta, de todo se quejan y la mayor parte de la clase me la paso tratando de poner orden."

No puede haber una buena clase ni un buen maestro sin disciplina. Porque los límites de la disciplina proporcionan al alumno la estructura necesaria para que pueda recibir lo que se enseña. Los niños de por sí son dispersos y se distraen con mucha facilidad, y cuando hay desorden y el ambiente es caótico, sus posibilidades de aprendizaje se reducen considerablemente. Son los límites los que preparan el contexto para que pongan atención y aprendan.

Estos límites obligan al niño a contener sus impulsos para enfocar su atención en lo que se enseña. Pero desgraciadamente en esta era permisiva lo último que aprende el niño en casa es a contener sus impulsos. En el afán de los padres de no reprimirlo por miedo a traumarlo y, en algunos casos por comodidad, muchos padres simplemente dejan que haga lo que quiera. Equivocadamente piensan: "porque lo quiero lo consiento". Cuando este alumno llega al salón de clases no entiende que no puede hacer lo mismo que en su casa: lo que quiere, cuando quiere y porque quiere. Guardar silencio, obedecer instrucciones y completar su trabajo le parece mucho pedir. Se inicia entonces una batalla campal, el maestro trata de imponerse pero cuando no tiene la fuerza necesaria, ganan los alumnos. Algunos maestros se doblegan y a pesar de su frustración, se resignan a enseñar en un ambiente caótico.

> "Es agotador enseñar. Me paso gran parte de la clase gritando y regañando para que me hagan caso. No sé qué les pasa a estos niños, no hacen caso y nada parece interesarles. Sólo me atienden cuando los amenazo con mandarlos a la dirección."

Este es el caso de muchos maestros y, como vimos en los capítulos anteriores, se relaciona con su temperamento. Cuando no logra imponerse por las buenas, lo hace por las malas. No piensa que tiene otros recursos y la desesperación y el cansancio muchas veces orillan al maestro al maltrato.

Para que un maestro tenga presencia y autoridad frente a sus alumnos necesita trabajar en su persona. Fortalecer su carácter y autoestima y revisar por qué no se da a respetar. Porque su salón de clases es sólo su reflejo. Una persona con alta autoestima se hace respetar y no permite que los alumnos se pasen de la raya. Se siente seguro y tiene la confianza para pedir lo que es necesario del alumno y espera ser obedecido.

Entonces si tienes problemas de disciplina en tu salón de clases, pregúntate:

- ¿Por qué no me hacen caso los alumnos?
- ¿Soy demasiado suave y trato de complacerlos?
- ¿Me ubico más como su amiga que como su maestra?
- ¿Digo cosas que no cumplo y por eso no me respetan?

- ¿Les tengo miedo? ¿Soy demasiado débil?
- ¿Por comodidad no pongo límites y ya se pasaron de la raya?
- ¿Soy aburrido?
- ¿No paro de hablar y me repito?

Ser maestro no es fácil pero si tienes deseos de mejorar, te ofrezco algunas ayudas prácticas para aplicar *disciplina con amor:*

## 1. Haz tu clase interesante

Un maestro aburrido invita a la indisciplina. ¿Quién puede poner atención cuando no tiene el menor interés? Muy pocos. Algunos alumnos se evadirán en ensoñaciones que nada tienen que ver con lo que se enseña y si el maestro les pregunta algo, despertarán sorprendidos sin saber qué responder. Pero otros, en su fastidio molestarán a sus compañeros o provocarán al maestro.

> Estando en la preparatoria recuerdo haber tenido un maestro de historia sumamente aburrido que leía su clase y jamás alzaba la vista para vernos. A manera de protesta un día extendí un periódico y me puse a leerlo en su clase. Cuál sería mi sorpresa cuando ¡no me llamó la atención! Los demás alumnos estaban asombrados de mi osadía, pero a mí me decepcionó darme cuenta de su total falta de carácter. Si aún me quedaban rastros de respeto por él, desaparecieron ese día.

Cualquiera puede leer o dictar, no necesita ser un maestro. El maestro que no prepara su clase y sólo entretiene a sus alumnos debería dedicarse a otra cosa, porque les falta al respeto y les hace perder su tiempo.

> "Yo tengo 20 años en esta escuela enseñando primero de primaria", dice orgullosa una maestra a su colega. "Tú eres nueva, ¿verdad?"

Cuando escucho que un maestro ha estado enseñando por muchos años el mismo grado siempre me queda la duda de si no estará simplemente repitiendo lo que preparó en el primero. Si no se ha convertido en una especie de grabadora que dice lo mismo sin tomar en cuenta que cada grupo es distinto y que la información tiene que adaptarse y renovarse. Si piensa que ya todo lo sabe, ha dejado de investigar y prepararse. Es mucho más sano que los maestros cambien de grados y se vean obligados a esforzarse para preparar material nuevo cada año.

Si un maestro se ocupa en preparar su clase y es dinámico e interesante tendrá a los alumnos absortos. Cuando incluye anécdotas e historias permite que los alumnos se identifiquen y un chiste o un comentario chusco los hará reír y relajarse. ¡No hay mejor manera de enseñar!

Un maestro interesante no tiene problemas de disciplina porque un alumno que disfruta una clase no se le ocurre molestar ni hacer travesuras, ¡está escuchando!

Así, el primer consejo para que disminuyan y desaparezcan tus problemas de disciplina es que te apliques en mejorar tus clases. Que te pongas en el lugar del alumno y te identifiques con él para poder imaginar qué material le podría resultar interesante. Observa qué cosas le llaman la atención, cuáles son sus preferencias, qué le cae en gracia, qué películas ve, a qué juega con sus compañeros, de qué platican, qué le inquieta. Entre mejor conozcas a tus alumnos más fácil será saber cómo preparar tus clases. Si te guías por sus intereses tus clases serán dinámicas, divertidas y relacionadas con sus vidas y... ¡pondrán atención!

## 2. Cumple lo que digas

Nada hace que pierdan más rápido el respeto los alumnos a un maestro, que prometer cosas que no cumple.

"Síguele Marta y te saco del salón. Ya te dije que no puedes estar molestando a tus compañeros", amenaza la maestra de sexto grado. Tres minutos después: "¿Qué no entiendes, Marta?, ya te dije que si sigues ¡te vas para afuera!" Durante toda la clase, la maestra continúa intermitentemente amenazando a Marta que nunca deja de molestar pero tampoco tiene que salirse.

¿Qué aprende el grupo entero observando esta situación? Que la maestra no tiene palabra y pueden hacer lo que quieran.

Lo que digas se tiene que cumplir, no hay de otra. Por eso tienes que cuidar lo que dices, porque si estás enojado puedes decir una barbaridad.

Siendo maestra del grupo de sexto grado ocurrió la siguiente situación:

Eran las 2:00 p.m., hora de salida del colegio cuando escuché a la maestra de euritmia amenazar a los alumnos: "¡Nadie se va a casa hasta que aparezca la otra parte del llavero!" Los alumnos furiosos veían el piso mientras ella sostenía su mirada acusadora. Después de 45 minutos y ante la demanda de los padres también furiosos, permitió que los alumnos regresaran a casa.

La mañana siguiente cuando entré a la oficina, me preguntó la secretaria qué había ocurrido para que estuvieran tan enojados los padres. Cuando le platiqué que sus alumnos habían perdido una parte del llavero, me dijo sorprendida: "Pero si eso se perdió hace como dos semanas, y ¡no fueron ellos!"

Cuando hacemos declaraciones estando enojados, corremos el riesgo de humillar o tomar las decisiones equivocadas. Esta maestra no pudo cumplir su amenaza (¡por fortuna!) y tuvo que disculparse frente a un grupo de alumnos muy resentidos por la acusación injusta.

Si estás enojado, ¡no reacciones! Detente, respira hondo y cierra la boca. Si tienes la tendencia a dar el jalón, pon las manos atrás. Date unos minutos para calmarte y pensar con claridad. Espérate a estar más calmado antes de tomar alguna decisión.

Cuando estamos muy enojados nos intoxicamos con hormonas (adrenalina, noradrenalina, etcétera) y estas nos impiden pensar con claridad. Es por esto que las personas enojadas dicen y hacen tantos disparates. Es necesario dejar pasar unos minutos para que estas hormonas se reabsorban en nuestro organismo y podamos discurrir con claridad.

Cada uno de nosotros somos responsables de nuestras emociones y, por lo tanto, jamás podemos culpar a un alumno de nuestro enojo, frustración o rabia. Repítete:

*Yo soy responsable de mis emociones.*
*Yo elijo cómo respondo ante ellas.*

(Te invito a revisar el manejo del enojo en mi libro "Explora tus emociones para avanzar en la vida" de Editorial Pax.)

### 3. No alces la voz

Un maestro que recurre a gritar muestra su impotencia. No se siente escuchado y por eso alza la voz. Si no lo hace piensa que nadie le hará caso.

Si es tu caso, hazte cuatro preguntas:

- ¿Por qué pienso que si no grito, nadie me escuchará?

- ¿Por qué me doy tan poca importancia?

- ¿Por qué dudo de tener algo significativo que compartir?

- ¿Por qué me siento insignificante?

Quizás al leer esto piensas: "exagera, yo conozco maestros que gritan y no me parecen inseguros". Hay que ver más allá de las apariencias. Si necesitas continuamente gritar, hay una razón para ello. Te invito a explorar y descubrir que si trabajas en tu autoestima empezarás a confiar en que van a escucharte sin necesidad de alzar la voz.

Si esto no te convence para cambiar, pregúntate, ¿quién quiere estar con alguien que grita? Los alumnos lo toleran porque no les queda de otra, pero ten por seguro que detestan tus gritos.

O acaso ¿le gritas así a tus amistades? Si la respuesta es no, entonces ¿por qué lo haces con tus alumnos? Es claro que estás aprovechando tu posición de maestro y al igual que si fueran tus amigos, les estás faltando al respeto.

Si tienes muchos años siendo maestro, quizás empezaste alzando la voz por inseguridad y con los años ya se convirtió en un hábito. No es de sorprendernos que con frecuencia algunos maestros padezcan de la garganta y tengan nódulos por tanto tiempo que han usado inadecuadamente la voz. Si quieres ser un buen maestro, esto es algo que vale la pena cambiar porque tus gritos estresan a los que te escuchan y dañan tu cuerpo. Tus alumnos y tu garganta ¡te lo agradecerán!

## 4. No repitas

"Todos somos sabios, hasta que hablamos."

PROVERBIO IRLANDÉS

No hay peor pesadilla para un alumno que estar con un maestro que habla sin parar y repite. Atolondra, fastidia y enoja. Hay maestros que parece que escogen esta profesión para dar rienda suelta a su lengua y si sólo supieran ¡cuánto los detestan sus alumnos!

Cambiar este hábito es difícil, pues requiere empeño y fuerza de voluntad pero bien vale la pena hacer el esfuerzo si deseas ser un buen maestro.

Me gusta decir que la persona que habla, habla y habla sin parar pero nadie la escucha, es porque sus palabras no tienen ni peso ni volumen y se las lleva el viento. Si quieres que te escuchen y que tus palabras tengan consistencia, tienes que permearlas de atención. La persona que habla con atención, escoge sus palabras con cuidado y no necesita repetir.

Piensa antes de hablar y hazlo con atención. Entonces tendrás voz y serás escuchada.

## 5. Muestra empatía pero no cedas

Cuando el alumno proviene de una familia sobreprotectora, repelará cuando se le pida cualquier tipo de esfuerzo, porque está acostumbrado a que lo complazcan y ya lo volvieron flojo. Su tolerancia a la frustración es muy baja y se queja cuando se le contradice. Desgraciadamente cada vez hay más niños así en las escuelas.

> "Ay, maestra, es muuuucho trabajo, ¡ya me cansé! ¿Lo puedo terminar después de recreo?"

El maestro puede estar tentado en este caso a responder,

> "No, no exageres, no está tan largo, si te aplicas verás que en un momentito lo acabas. Es el único trabajo que has hecho toda la mañana y creo que es importante que lo termines…"

Al decir esto contradice lo que el alumno siente, le hace saber que no lo entiende y ahora el alumno ¡está más frustrado que antes!

En cambio si le dice con voz suave pero firme,

> "Sí, entiendo que te parezca muy largo este trabajo y que preferirías salir al jardín, pero tienes que terminarlo."

No quiere decir que le va a dar gusto al alumno escuchar esto, pero por lo menos se sentirá comprendido. No se peleen con lo que siente el alumno, por el contrario, denle la razón porque *se vale sentir lo que siente:* frustración, impotencia, rabia, miedo, tristeza, etcétera. Ahí está la emoción, negarla o tratar de cam biarla sólo lo llevaría a reprimirla, lo cual le haría daño pues lo desconecta de sus sentimientos. Se vale sentir flojera, se vale estar harto de la tarea, se vale querer salir huyendo del colegio. Pero actuar en consecuencia de estas emociones... esa es otra historia. Y eso es lo que quieres enseñarle a tu alumno.

La regla dorada es "muestra empatía pero no cedas".

Me gusta decir que *empatía* empieza con "*e*" de *entiendo* así que empiecen lo que le quieran decir al alumno con esa palabra: "*Entiendo...*" y reflejen lo que está sintiendo. Entonces, será un poco más fácil para él aceptar lo inevitable: que sienta lo que sienta de todas maneras tendrá que atenerse a las reglas, cumplir con su trabajo, obedecer y todo lo demás. Que en la vida se vale sentir de todo, pero que hay cosas que se tienen que hacer *independientemente de lo que se siente*.

> "Entiendo que no te guste correr en la clase de deportes y prefieras estar en la banca platicando con tus compañeros, pero ¡párate y ve a correr!"

> "Entiendo que te dé miedo hablar en público y quisieras que tu compañera de proyecto lo hiciera por ti, pero vas a tener que ser tú la que des el reporte. Si necesitas practicar te puedo ayudar más tarde."

> "Entiendo que es muuuuy aburrido estar haciendo la tarea en el recreo y que preferirías salir con tus compañeros, pero tú elegiste no hacerla en casa y la tienes que terminar ahora."

Si no cedes, ayudarás al alumno a elevar su tolerancia a la frustración y a ser responsable.

Cuando tengas algo organizado que tus alumnos disfruten mucho, échate en tu escritorio y diles: "Yo creo que no vamos a ir a la excursión, mejor nos quedamos a trabajar en el salón porque tengo mucha pero mucha flojera de salir..." Observa sus caras de sorpresa y después agrega: "¿Se imaginan que ocurriría si sólo hiciéramos lo que nos gusta o se nos antoja en el momento?" Pide que te den ejemplos. Esto los ayudará a salir de su egocentrismo y considerar a los demás. A comprender que todos, sin excepción alguna, a veces hacemos cosas que no queremos y que ¡así es la vida!

## 6. Desaprueba la conducta pero aprueba a la persona

Creo que un error muy grave que cometemos al enseñar es reducir al alumno a su conducta. Concluir que sólo es eso, en vez de darnos cuenta de que su comportamiento sólo es la expresión de cómo se siente en el momento. Si tomamos esto en cuenta, dejamos de juzgarlo pues concluimos que si se porta mal, es porque se siente mal, y si se porta bien generalmente es porque se siente bien.

El niño es mucho más que su conducta y es importante que aprendas a ver a través de ella para descubrir quién está detrás. Te sorprenderá descubrir muchas veces a un ser asustado, lastimado. Como el animal que se vuelve agresivo cuando ha sido herido, este niño no le queda más remedio que defenderse. En vez de juzgarlo, interésate y corrige lo que hace sin humillarlo.

> Gustavo, entiendo que estés muy enojado porque Jorge rompió tu cuaderno, pero ¡no puedo permitir que le pegues!

Estás siendo directo, y estás poniendo un límite claro pero no lo estás humillando. En cambio cuando dices:

> Gustavo, ¡eres un abusivo, otra vez pegándole a tu compañero! Mira la diferencia de tamaño, no me sorprende que ¡otra vez te estés aprovechando de alguien más pequeño que tú!

Puse un límite pero lastimé. A Gustavo le queda muy claro que ha sido etiquetado como el abusivo. Ahora está resentido y tiene más razones para querer vengarse.

> Renata, este trabajo lo tienes que repetir, no lo hiciste con cuidado y está sucio.

Muy diferente a decirle:

> "Renata, ¡eres una sucia!, ¿cuánto tiempo llevas haciendo esta porquería? Ella no tiene más remedio que defenderse. Como el animal que se vuelve agresivo cuando lo hieren, a esta niña no le queda otra salida.

En el primer ejemplo corrijo el comportamiento, la acción: el trabajo está malhecho, sucio y se tiene que repetir. En el segundo, califico a Renata de sucia.

Cuando le llames la atención a un alumno asegúrate de que quede clara la diferencia entre lo que hace y su persona. Porque *la persona es sagrada,* no se toca, pero el comportamiento se puede corregir. Quiere decir que aunque haya hecho algo incorrecto, la respetas y confías en que puede hacerlo mejor en el futuro.

## 7. En lugar de decir malo o bueno, di "permitido" o "no permitido"

Aunque nos estemos refiriendo a lo que ha hecho el alumno como bueno o malo, existe el peligro de que haga la transferencia a su persona y concluya que el bueno o el malo es él.

> "Pedro, es muy malo pegarle a otros niños."

El niño piensa: "Como yo le pego a otros niños debo ser malo". En cambio cuando dices:

> "Pedro, no permito que le pegues a tu compañero."

Le queda claro que desapruebas de su conducta, pero no se siente calificado como malo.

Eliminar las connotaciones de "bueno o malo" ayuda a preservar la dignidad del alumno cuando es necesario corregirlo.

## 8. Pon límites sin humillar

Disciplina con amor significa poner límites sin humillar. Es decir, corriges pero tienes cuidado de no insultar. Respiras hondo y explicas al alumno lo que esperas de él pero sin calificarlo o denigrarlo.

*"Eugenia, quiero que te pongas a trabajar"*, con voz firme y mirándola a los ojos.

Pero tienes cuidado de no agregar la colita que es lo que lastima: *"Cuántas veces te lo tengo que repetir, estás sorda ¿o qué?"*

Es importante tomar conciencia de las frases que lastiman, denigran o desalientan. Muchos maestros están tan acostumbrados a decirlas o escucharlas que ya no se dan cuenta. Muestran su creatividad, desgraciadamente, para insultar. En vez de que estos comentarios nos causen risa, deberíamos indignarnos cuando escuchamos que un maestro se aprovecha de su posición para ofender o ridiculizar a un alumno.

Les ofrezco algunos ejemplos para que estén pendientes:

- Otra vez ¡tenías que ser tú!
- Cuando no vienes, el día esta más tranquilo.
- No sé porqué te pasaron de año.
- ¡Eres insoportable!
- ¡Ya me cansaste!
- Ya no sé qué hacer contigo.
- Vas a terminar como limpia vidrios.
- Eres irresponsable ¡no haces nada!
- ¡Eres un flojo!
- Burra.
- Vas a ser una sirvienta.
- ¡No sirves para nada!

- ¡Son unos baquetones!
- Ya hay muchos vagos en la calle.
- ¡No te hagas el chis… to… si… to!
- Se nota que llegaste tarde al reparto de neuronas.
- No es raro que no traigas la tarea o el material, raro sería que cumplieras con todo.
- Si estás hablando es porque todo lo sabes, así que retírate de mi salón.
- ¿Qué no entiendes? ¿Estás tonto o qué?
- Sálganse porque son unas manzanas podridas y ¡pudren a las demás!
- Estos niños parecen unos rufianes.
- Olvídenlo, ya sé que ustedes no piensan.
- Eres igual de burro que tu hermano.
- Eres un chillón.
- Tú nunca entiendes nada.
- Otra vez ¡lo hiciste mal!
- Fíjate en tu hermano, él era de dieces.
- Tú no sirves para estudiar, no sé por qué estás aquí.
- ¡Eres un inútil!
- Este niño no tiene remedio.
- Tú como siempre ¡al último!
- Tienes cerebro de teflón.
- Ya estuvo ¡ya me tienes harta!
- "Maestra, me duele la cabeza." "Pues como no, si no estás acostumbrado a usarla…"
- ¡Siéntese! que al cabo usted no entiende nada.
- Esta niña es un cebo.

- Como siempre, no traes la tarea.
- No tienes cabeza ni para sombrero.

Cuida tu actitud y tus comentarios, pues puedes elevar al alumno o aplastarlo, ¡de ti depende!

## 9. ¡No etiquetes!

Una etiqueta es una camisa de fuerza. El alumno ya no se puede zafar y, por lo tanto, está condenado a quedarse por siempre siendo lo que decimos que es.

En nuestro afán de corregir, repetimos frases que no nos damos cuenta terminan haciendo más mal que bien. Cuando continuamente le dices a un alumno:

> ¡Deja de jugar! Siempre estás distrayendo a tus compañeros. No sé dónde tienes la cabeza. Nunca te fijas…

Si crees que por ello ahora va a poner atención, estás equivocado, porque ya lo convenciste de ser, ¡un distraído! Los pensamientos que se repiten una y otra vez terminan convirtiéndose en creencias que fijan la conducta. Este niño de tanto escucharlo ya se convenció de ser un distraído. A base de decírselo tantas veces, ya lo convenciste de ser ¡lo que no querías que fuera!

> Alberto, deja de estar viendo a tus compañeros y no juegues con tus plumas. ¿Cuándo vas a poner atención?

En vez de decirle lo que no quieres que haga, dile lo que sí quieres.

> Alberto, mira hacia delante y pon atención. Tus manos van sobre el pupitre.

Las etiquetas lastiman. Imagínate que a ti te etiquetan como la que siempre llega tarde. Te das cuenta de que aún cuando te apuras y llegas a tiempo, nadie se percata porque tú eres "la que siempre llega tarde". ¿Sientes frustración, coraje, impotencia…? Finalmente dejas de esforzarte porque de nada sirve, tú eres la que llega tarde.

Esto es lo que le ocurre a un niño. Una vez que está etiquetado como el difícil, el malo, el latoso, siente que es inútil tratar de cambiar y se resigna a ser lo que los demás esperan de él.

Presta oídos sordos al maestro que quiere heredarte sus juicios.

"¡Pobre de ti! Te va tocar Carlos de alumno", dice de forma dramática la maestra de segundo de secundaria a la de tercero. "Es un niño muy, pero muy difícil. Te vas a arrepentir de ser maestra, ¡te hará la vida imposible! Si yo fuera tú, pediría que lo cambien de salón. ¡Deja que otra cargue con el problema!"

Hacerle caso a este tipo de comentarios es una gran injusticia para cualquier alumno. Todos pueden tener un mal año escolar y no por ello no merecen una nueva oportunidad. Eso es lo que ofrecemos al alumno que vemos fresco ese primer día de clases. Que le permitiremos hacer un esfuerzo para corregir lo que en el pasado hizo equivocado. ¡Una nueva y maravillosa oportunidad!

## 10. Responde en vez de reaccionar

Cuando una situación parece amenazarnos, el cuerpo se activa para defendernos y estos movimientos automáticos, sin conciencia ni deliberación, se llaman reacciones. Si observamos, estamos constantemente reaccionando ante la vida.

"¡Ay, qué horror!" grita la maestra encogiendo el brazo, cuando ve correr una cucaracha sobre su escritorio.

A diferencia de cuando reaccionamos, si queremos responder necesitamos estar presentes. Significa que tenemos que anteponernos a nuestra reacción inicial para elegir lo que nos parece más conveniente. Para poder responder en lugar de simplemente reaccionar necesitamos estar conscientes. Responder implica reflexión y deliberación, mientras que reaccionar es un movimiento involuntario y mecánico.

Cuando estamos frente a los alumnos tenemos que aprender a responder en vez de reaccionar.

*"Estoy pensando dejar de estudiar", dice el alumno fastidiado a la maestra.*

## Ejemplo de reacción

*"¿Y morirte de hambre? ¿Quién piensas que te dará trabajo?", responde irritada la maestra.*

## Ejemplo. de responder

*"¿Por qué estás pensando eso? ¿Te parece muy difícil esta materia?"*

En el primer ejemplo, la maestra reacciona. Quizás le puede parecer una provocación por parte del alumno y lo toma de manera personal como si sólo quisiera molestarla.

Pero cuando elegimos responder en lugar de reaccionar, nos detenemos un momento y consideramos la situación. Soltamos nuestra agenda interior y escogemos ser objetivos. El sentido de humor puede ser en estos casos un maravilloso disolvente de la tensión.

*"Estamos pensando saltar en paracaídas, ¡ha de ser muy divertido!", comenta entusiasmado Rodrigo a su maestra de secundaria.*

## Ejemplo de reaccionar

*"¿Pero que están, dementes? ¿Ni se les ocurra, saben lo peligroso que es? ¿Qué quieren, matarse? ¿Ya le dijeron a sus padres?", regaña la maestra alarmada.*

## Ejemplo de responder

*La maestra respira profundo: "Sí, puedo entender que les llame la atención. Ha de ser una sensación increíble... pero es riesgoso y sería bueno que lo comenten en casa".*

El comentario de Rodrigo activa una *reacción de miedo* en la maestra. A los adolescentes les atrae el riesgo y las emociones fuertes, así que es entendible que saltar en paracaídas les pueda resultar muy atractivo. Cuando la maestra reacciona con miedo en vez de desalentarlo, puede despertar su sentido de rebeldía y animarlo a probarlo con el sólo fin de desafiarla.

En el segundo ejemplo, cuando responde, muestra empatía con sus intereses en vez de reaccionar ante su provocación. Muchas de las cosas que platican los adolescentes no necesariamente las piensan hacer, pero sí observan nuestras reacciones y se divierten a nuestras costillas.

Pero la razón más importante para aprender a responder y no reaccionar es evitar el maltrato. Cuando ofendemos y humillamos o lastimamos físicamente a un alumno es porque estamos reaccionando.

> Un día recibí una llamada por celular de un maestro al que aprecio mucho: "Rosi, no sé qué hacer. Tengo un alumno que es tremendo, grosero, consentido, indisciplinado y hace un rato me sacó de quicio. Me empezó a gritar cuando le dije que se sentara y cuando menos me di cuenta, lo había tomado de la oreja y lo estaba sentando. Ahora, ¿qué hago?"

Le recomendé que se disculpara con el alumno, sin perder su lugar de maestro. "Cuando me gritas y eres grosero, me siento muy enojado pero siento mucho haberte sentado de esa manera". Después le recomendé que hablara primero con la directora y a la salida de la escuela con los padres, antes de que tuvieran oportunidad de ver al hijo.

Esta situación es, por supuesto, muy delicada. Si el maestro trata de ocultar o negar el maltrato, en vez de que el incidente desaparezca, escalará. Cuando el hijo se queje, los padres llegarán indignados (con sobrada razón) a reclamar al colegio. El maestro estará en la peor de las desventajas y se arriesgará a ser despedido.

Si, por el contrario, el maestro acepta su responsabilidad voluntariamente hay muchas probabilidades de que lo perdonen y el incidente le sirva de escarmiento para no volver a repetirlo. Porque un director de escuela no debe querer maestros "perfectos" sino maestros responsables que aprendan de sus errores.

Así que aprende a detenerte y a no reaccionar, especialmente si estás enojado. Evitarás cometer errores con los alumnos de los que después te arrepentirás.

## 11. ¡Cuidado con las confidencias!

Una alumna, hija de una maestra del colegio, que se sentía sola toma como confidente a una de sus maestras con la que aprovecha para platicar en sus tiempos libres. Un día le confía que probó con un grupo de sus compañeros mariguana y hongos alucinógenos, pero le pide que no lo cuente a nadie. La maestra le responde que eso no se lo puede asegurar y tras reflexionar por fin decide compartirlo con la directora. Después de que la directora cita a la madre, ella le reclama a su colega: "¿Por qué no hablaste directamente conmigo?, ¿porqué tuviste que hablar con la directora?" "Porque tu hija es mi alumna y esto no es un asunto personal. Fue una decisión difícil pero consideré que hacía lo correcto."

La hija negó los hechos y la madre acusó de mentirosa a la maestra y le retiró el habla. Unos meses después y ante la evidencia contundente de que la chica y sus compañeros se estaban drogando, la madre se disculpó con ella.

Cuando un alumno se siente solo puede querer convertir al maestro al que le tiene confianza en su confidente. Corresponde al maestro escuchar y apoyar pero sin perder de vista que no es su amigo, sino su maestro. Debe *negarse a prometer que no revelará lo que le confía* pues, como en el caso anterior, corresponde al maestro decidir si es conveniente compartirlo con otras personas mejor indicadas para ayudar.

## 12. Recuerda que tú eres el maestro

Cuando el alumno te confronta siendo grosero o irrespetuoso, ayuda recordar: "El *adulto* en esta situación soy yo, a mí me corresponde *responder* pues él es sólo un niño/adolescente inmaduro con recursos limitados".

Cuando respondo en vez de reaccionar tomo en cuenta lo mejor para el alumno en lugar de tratar de defender mi orgullo, mostrar mi poder o querer controlarlo. Puedo ver la situación con una perspectiva más amplia y reconocer mi papel como facilitador de esta situación ya sea para mejorarla o empeorarla. El alumno, en cambio, no tiene otra opción más que reaccionar con sus recursos limitados, pues su experiencia es corta y carece de la madurez para juzgar lo que mejor conviene.

Así que cuando un alumno te esté "colmando el plato", repítete interiormente muchas veces:

*Yo soy el adulto en esta situación… yo soy el adulto en esta situación… yo soy el adulto en esta situación…*

Esto te ayudará a recordar quién es quién en esta situación y te prevendrá de convertirte en otro niño u otro adolescente frente a ellos. Si te encuentras discutiendo y peleando con algún alumno es que lo has olvidado.

## 13. Elimina los castigos, aplica consecuencias

Cuando doy mis conferencias pido a los participantes que me digan las palabras que asocian con la palabra castigo y me comparten lo siguiente:

*Dolor, tristeza, rabia, injusticia, golpes, encerrada, privación, enojo, venganza, abuso, culpa, humillación, resentimiento, vergüenza, impotencia, entre otras.*

Nunca he escuchado una palabra positiva asociada a la palabra castigo.

Es claro que siempre ha tenido una connotación negativa y por eso cada vez que amenazamos con castigar, la persona percibe esa negatividad.

Los castigos deberían ser eliminados porque en vez de crear un sentido de moralidad o responsabilidad en el niño, sólo lo incitan a volverse más listo para no ser descubierto.

"Eres una bestia, cómo se te ocurre ser tan obvio para copiar en el examen ¡con razón te cacharon! Tienes que ser más inteligente y agachar la cabeza cubriéndote con la mano la cara para que la maestra piense que estás viendo tu hoja de examen. Pon tu acordeón en tus piernas pero asegúrate que lo sostienes contra la banca...", aconseja el amigo al alumno de nuevo ingreso que espera a sus padres afuera de la dirección.

Los maestros y los padres piensan que el hijo se ha corregido cuando en realidad sólo es más astuto, pues los castigos hacen a las personas expertos en hipocresía y engaño. Lo que aprende cuando lo castigan es a ser más listo. Así, el niño que era inocente y honesto por miedo a ser castigado se vuelve ladino, calculador y un hábil mentiroso. Como el criminal que al salir de prisión en teoría rehabilitado se vuelve aún más perverso, este niño después del castigo concluye que necesita encontrar nuevas estrategias para subsistir.

Por otro lado, los que sí parecen corregirse y obedecen no lo hacen por estar convencidos de estar haciendo lo correcto sino por miedo. Una razón muy equivocada para transformar su conducta. Estos niños se vuelven sumisos porque son impotentes para defenderse de los adultos que los amenazan. Viven cuidándose las espaldas pues saben que si se pasan de la raya serán castigados. Están resentidos y son débiles, inseguros y sin confianza en sí mismos.

Por si fuera poco, los castigos producen resentimiento y deseos de venganza, porque son arbitrarios y están basados en el poder ilimitado que ejerce el adulto. El niño se siente impotente y humillado cuando un adulto se aprovecha de su fuerza.

Muchos maestros aunque conocen estas secuelas, siguen castigando por no saber qué otra cosa hacer.

*"Me choca castigarlos, pero no entienden razones y es la única forma en que logro que me hagan caso."*

Pero estamos afortunadamente iniciando una nueva era en donde esto está cambiando, por eso hay que observar qué sabia es la naturaleza al enseñarnos a través de las consecuencias naturales que vamos por el camino equivocado. Así, si como demasiado, tengo malestar estomacal. Si estoy distraído puedo golpearme o caerme. Si me quedo dormido, pierdo mi cita. Si me asoleo muchas horas, se me quema la piel.

Por eso debemos dejar, siempre que no sea peligroso, que el alumno aprenda de las consecuencias que la vida le presenta. Nuestro trabajo consiste en sólo hacernos a un lado y dejar que experimente el efecto de lo que hizo o dejó de hacer. Porque *en la consecuencia está el aprendizaje.*

Andrés es muy distraído y constantemente está olvidando sus cosas. Una mañana llama por el celular de la escuela a casa: "Mamá, me podrías traer mi cuaderno de español que se me olvidó, si no me van a bajar la calificación".

Si la madre de Andrés quiere que su hijo ponga mayor atención, tiene que dejar que viva la consecuencia de su distracción. Así tendrá que contestarle:

*"Lo siento hijo, no puedo llevártelo, la siguiente vez, ten más cuidado."*

Si la madre no lo rescata, el hijo poco a poco irá poniendo más atención y aprenderá a ser menos distraído.

Pero cuando el maestro o el padre necesiten intervenir para aplicar una consecuencia, ya sea porque la consecuencia natural es peligrosa (el niño quiere cruzar sólo la calle y corre riesgo) o porque es a largo plazo (no quiere hacer la tarea) y es necesario enseñarle a responsabilizarse, deberá, como decía el psiquiatra infantil Rudolf Dreikurs, tener las tres "R".

Es decir, la consecuencia tiene que ser:

*Relacionada*
*Respetuosa*
*Razonable*

## a. Relacionada

La consecuencia debe estar relacionada con la acción o el comportamiento del alumno.

Por ejemplo, si rayó su banca, la consecuencia no puede ser que se quede sin recreo o se le baje la calificación. La consecuencia tiene que ser que repare la banca. Siempre que se pueda tiene que reparar de alguna manera lo que ha hecho. Esto ayuda a que se responsabilice además de sentir la satisfacción de corregir su error.

Si no hizo la tarea, la consecuencia tiene que ser que la haga a la hora de recreo, no llamarle la atención a la madre o sólo regañarlo.

"Pero maestro, por favor déjeme salir a recreo porque van a jugar futbol y soy el portero, le prometo que la próxima vez si la hago."

La respuesta del maestro tiene que ser: "Lo siento, Nico, tú elegiste quedarte sin recreo al no traer tu tarea. La próxima vez mejor hazla en casa".

Hay padres que muestran verdadera imaginación para encontrar algo relacionado. Esta anécdota me la compartió una madre.

Mi hijo Flavio tiene 12 años y es de temperamento flemático. Le costaba mucho trabajo levantarse a tiempo para ir al colegio, y aunque yo lo despertaba, tenía que estarlo apurando toda la mañana. Llegábamos siempre a la escuela cuando estaban a punto de cerrar la puerta.

Escuché hablar de aplicar consecuencias, así que decidí comprarle un despertador. Le dije que él era responsable de estar listo y que yo no lo apuraría, pero que estaría en la puerta para cuando él estuviera listo para salir. Creo que no me creyó, pues se levantó con mucha calma y cuando llegamos al colegio la puerta estaba cerrada.

Así que regresamos a casa y le dije que me mostrara su horario de clases. "Bien", le dije, "de ocho a nueve tienes tu clase de matemáticas, quiero que hagas estos ejercicios". A las nueve, regresé: "Es hora de español hasta las diez, puedes leer y contestar estas preguntas". Cuando fueron las diez, le dije: "Es hora de recreo, puedes salir al jardín media hora".Y así continué hasta la hora de salida de clases.

Tengo que decir que nunca más se volvió a quedar dormido y se apuraba sin que yo lo ayudara para llegar a tiempo a clases. ¡Creo que nadie quiere a su madre de maestra!

Cuando un joven vive las consecuencias de sus elecciones, gana en seguridad en sí mismo y crece su sentido de un mundo justo. Aprende a hacer lo que es necesario, aún a pesar de que no le guste y de esa forma desarrolla su autonomía.

Con los alumnos de 8 años en adelante, hay que permitir que participen en la elección de la consecuencia. Esta anécdota es de un alumno de segundo de secundaria:

*Maestra: José, rompiste el cuadro del salón de los casilleros al*
*patear el balón, ¿qué necesitas hacer?*
*José:      Reponerlo.*
*Maestra: ¿Cómo lo vas a reponer?*
*José:      Pues me lo voy a llevar para cambiarle el vidrio.*
*Maestra: ¿Cuándo consideras que lo puedes traer reparado?*
*José:      No sé, tal vez en una semana.*
*Maestra: Hoy es martes, entonces el próximo martes lo traes,*
*¿de acuerdo?*
*José:      Está bien.*

En caso de tratarse de un joven que en otras ocasiones no cumple su compromiso, el maestro añade:

*Maestra: José, si el próximo martes no lo traes, ¿cuál va a ser la*
*consecuencia?*
*José:      Si todavía no está listo, de la vidriería traigo una*
*nota con la fecha de entrega.*
*Maestra: ¿Y si ya estaba listo?*
*José:      Me regreso a casa por él y tengo falta injustificada en*
*la clase que pierda.*
*Maestra: ¿Es un acuerdo?*
*José:      Sí.*

Por supuesto que el maestro deberá estar pendiente de que el alumno cumpla el acuerdo.

Gina y Sabrina de 13 y 14 años descargaron el extinguidor de la cocina de su escuela.
*Consecuencia:* se quedaron a la hora de la salida a lavar a fondo la cocina, platos, vasos, paredes, todo. Terminaron dos horas después. Se encargaron de llevar el extinguidor a cargar y pagaron el costo.

Con preguntas, tenemos que ayudar al niño y al adolescente a encontrar la mejor consecuencia para que se responsabilice de lo que hizo. Cuando él encuentra la solución, es más fácil que se comprometa y cumpla pues no siente que es injusto ni que ha sido una imposición por parte del maestro. Lo estamos entonces encaminando a que aprenda a *responsabilizarse voluntariamente.*

## b. Respetuosa

Para que sean consecuencias y no castigos, tenemos que ser respetuosos al aplicarlas. Es decir, sin amenazar, sermonear, aconsejar, gritar o sentenciar.

Al hablar con el alumno recuerda las 3 C:

> *Calmado…* sin enojo
> *Casual…* sin carga emocional
> *Conciso…* de forma clara y directa

*Calmado:* no significa que no te enojes cuando el alumno falta al respeto o rompe una regla, pero necesitas tranquilizarte antes de tratar de aplicar una consecuencia. Si no corres el riesgo de ser demasiado severo o decir algo que no se pueda cumplir. Así que respira hondo y dile: "Me voy a calmar y al rato hablo contigo".

*Casual:* no tomes de manera personal lo que haya ocurrido y cuida tu tono de voz cuando hables. Así evitarás que se ponga a la defensiva y terminen en una lucha de poder. Háblale como si estuvieras diciendo: "Por cierto, el día parece nublado…" Si es necesario practica antes de hacerlo.

*Conciso:* sintetiza y di sólo lo necesario. Si sermoneas pierdes la batalla.

Si al dirigirte al alumno no estás calmado, aunque hables de manera casual y concisa estarás aplicando un castigo disfrazado de consecuencia.

Tres adolescentes estaban encargados de lavar los trastes del refrigerio en la secundaria, pero cuando terminaron la maestra que supervisó la limpieza vio que había restos de jitomate en el techo y en una pared.

Cuando les preguntó, sin enojo y sin carga emocional, lo que había pasado, ellos admitieron haber estado jugando y aventando la comida.

*Consecuencia:* la maestra les pidió que se quedaran después de la salida de clases a limpiar el techo y la pared. Cuando preguntaron por qué hasta la salida, la maestra les explicó que porque no podían perder tiempo de sus horas de trabajo en clases. La maestra pidió que uno de sus padres se quedara con ellos y cuando preguntaron por qué no un maestro, les contestó que los maestros tenían que irse a casa después de su trabajo. También quisieron saber por qué no lo podían hacer solos y ella les explicó que porque había que usar una escalera para limpiar el techo y por seguridad era importante que un adulto estuviera presente.

Las consecuencias, aplicadas con el apoyo del adulto, provocan un aprendizaje significativo. En este caso, todo quedó en orden, no hubo resentimientos ni castigos adicionales. Lo que aprendieron los adolescentes fue a *recapacitar antes de actuar.* Así la próxima vez que quieran hacer una travesura lo pensarán dos veces, pues recordarán lo incómodo que es ocupar su tiempo libre para corregir lo que hicieron, hablar con sus padres, ser vistos por sus demás compañeros… y ¡mejor elegirán no hacerlo!

## c. **Razonable**

Para que sea razonable tenemos que tomar en cuenta la edad del alumno. No es lo mismo que tenga 4, 9, 12 o 17 años. Cada uno está en un momento distinto de su proceso de maduración y esto se debe considerar. A veces la reparación puede ser simbólica como en el siguiente ejemplo.

Damián juega la pelota en el salón de clases y rompe un cristal.
*Consecuencia:* deberá pagar con su dinero la reposición del cristal.
Pero si es un niño muy pequeño, podrá ser una parte simbólica.

Cuando aplicamos consecuencias para educar a los alumnos, tenemos que tener en cuenta nuestro objetivo: ayudar a que se responsabilice. Nuestra meta no es vengarnos: "¡Qué pague por lo que hizo no me importa lo que cueste!", tampoco es mostrar nuestro poder. Lo que queremos es que se dé cuenta de su impacto y cambie su conducta, por eso *siempre damos una nueva oportunidad.*

"Enrique, has estado sentado a mi lado en el recreo porque olvidaste cómo jugar con tus compañeros y les estabas pegando. ¿Crees que puedas recordarlo ahora?" "Sí." "Muy bien, vete a jugar con ellos."

Guiar a los alumnos para que sean responsables implica también un acto de confianza en su potencial. No nacemos responsables, porque no tenemos conciencia de cómo afecta nuestra conducta a los demás. Es un proceso lento ir despertando para tomar a otros en cuenta.

Esta es la paradoja de educar: tenemos que aceptar el lugar limitado donde se encuentra el alumno y al mismo tiempo no perder de vista su potencial.

El siguiente incidente ocurrió en una escuela en la ciudad de Aguascalientes.

Renata ingresó a segundo de secundaria en una escuela alternativa y mostró una total falta de interés en su trabajo: no hacía tareas, no tomaba apuntes ni participaba en clase, a pesar de ser muy inteligente. Después de intentar que viviera las consecuencias de su comportamiento, como era quedarse después de clases a hacer las tareas, y al ver que la situación no mejoraba, la directora la citó en la oficina con sus padres. Acordaron entre los cuatro, alumna, directora y ambos padres, que si no subía su promedio a 8, tendría que dejar el colegio. Cabe mencionar que era una alumna brillante, capaz de obtener las más altas calificaciones. El acuerdo se firmó por escrito y al no cumplirlo al finalizar el año escolar, no se le permitió que continuara el siguiente año.

Un año más tarde regresó a pedir que el colegio completara su solicitud para estudiar la preparatoria en el extranjero, pues mencionó: "Ustedes son los que mejor me conocen". Cuando regresó vino de visita al colegio y participó en una sesión de diálogos con un grupo de padres de familia.

"La experiencia más impactante que he tenido, fue cuando me pidieron que me retirara de este colegio por no haber cumplido con mi compromiso. Fue muy duro para mí, pero aprendí a responsabilizarme por lo que hago. Muchas gracias."

En otras ocasiones los alumnos nos sorprenden con su astucia como en el siguiente incidente.

En Cuernavaca durante el caluroso mes de mayo siendo maestra de un grupo de sexto de primaria, un día los descubrí aventando papeles al ventilador de techo. No me quedó más remedio que aplicar una consecuencia que bien sabía también me afectaría a mí: "Lo siento, pero en vista de que no saben cuidar el ventilador, tendrá que permanecer apagado toda una semana".

Al día siguiente, me sorprendió ver a los niños cuchicheando y cual no sería mi sorpresa cuando me di cuenta de que uno de mis alumnos, hijo de un electricista, estaba vendiéndoles ventiladores personales. No pude más que sonreír y permitirlo, sabiendo que yo era la única ¡que no podía comprarlo!

Idealmente en una escuela, los directivos y los maestros, así como el personal administrativo y de intendencia, deberían reunirse antes de iniciar el año escolar para acordar las consecuencias que se aplicarán cuando el alumno transgreda una regla. Empiecen haciendo una lista de estas conductas y después hagan una lluvia de ideas de posibles consecuencias. Cuando todo el personal está de acuerdo en las consecuencias y se cumplen, los alumnos lo perciben como un equipo sólido y los problemas de disciplina disminuyen. Vale la pena invertir estas horas de trabajo que redituarán con creces durante el transcurso del año escolar.

## 14. Ayúdalos a desarrollar la empatía

A veces la consecuencia es hablar con el alumno para sensibilizarlo cuando lastima a otro. Es importante que lo hagas a solas y cuando ambos estén tranquilos. Habla de manera suave para que el alumno no se ponga a la defensiva, pues de nada servirá tu conversación. Empieza describiendo la situación, sin hacer juicios. Hazle ver lo que sintió la víctima para tocar su corazón.

> "Montserrat, en el recreo cuando no dejaste que Amalia jugara con ustedes ella se sintió muy mal, la vi llorando en el baño. ¿Te imaginas como debe de sentirse siendo nueva en esta escuela sin una sola amiga? Debe de estar muy sola. Creo que para ella sería muy importante sentirse incluida. Tú influyes mucho en tu grupo de amigas, si te acercaras a ella, todas las demás la aceptarían. Significaría mucho para Amalia."

Estamos tratando de despertar su empatía, no de que se sienta culpable. Vean la diferencia:

> En tono acusador y alzando la voz: "Necesito hablar contigo, Montserrat, no me parece lo que ocurrió hoy en recreo. ¡Es el colmo que tú y tus amiguitas hagan a un lado a Amalia que acaba de entrar! ¿Qué se creen? Me haces el favor, de que sea la última vez que esto ocurre. Mañana la incluyen ¡o se las ven conmigo! ¿Te queda claro?"

Pobre de Amalia, mejor que no la incluyan porque ¡le va a ir muy mal!

No nacemos con empatía, es decir, la capacidad para entender lo que otro siente. El niño muy pequeñito por eso es totalmente egocéntrico y quiere lo que quiere sin tomar a nadie en cuenta. Pero conforme va creciendo nuestro trabajo es sensibilizarlo para que se convierta en un ser social que se dé cuenta de su impacto en otros y se responsabilice. Pero esto es un proceso. Por eso es necesario hablar con cuidado y delicadeza para tocar el corazón de los alumnos para que elijan no lastimar. De esta manera se convertirán en personas morales.

Lo que precisamente le falta a un criminal y a un delincuente es empatía. Por eso pueden hacer lo que hacen sin ninguna consideración para los demás. Si queremos que nuestros alumnos sean personas de bien tenemos que ayudarlos a desarrollar la empatía a través de hacerles saber las consecuencias de lastimar. Hacernos los ciegos cuando un alumno se burla o lastima a otro nos hace cómplices del maltrato. ¿Queremos estar de acuerdo en seguir perpetuando la violencia y el dolor en nuestra sociedad?

Los maestros jugamos un papel primordial para transformar a nuestra sociedad. Tener este privilegio ¡es una gran responsabilidad!

## 15. Entrégale al alumno su responsabilidad

Siempre que puedas anticípale al alumno la consecuencia.

"Todos vamos a correr por este largo pasillo, pero si alguien se adelanta demasiado voy a llamar su nombre. Si no se detiene tendrá que permanecer tomado de mi mano cuando lleguemos a donde están los animales del zoológico", advierte la maestra de preescolar. Todos corrieron pero cuando Damián llevaba la delantera, la maestro grito su nombre. Damián no hizo caso y la maestra tuvo que hacer un verdadero esfuerzo para alcanzarlo. Cuando caminaba tomado de su mano, se quejó: "Pero, ¿por qué tengo que tomar su mano? ¡Yo quiero caminar solo!" "No Damián, tú elegiste venir de mi mano, porque no hiciste caso cuando te llamé."

"El que no haga la tarea en casa la tendrá que hacer en recreo", avisa la maestra. Al día siguiente que Gary no cumple, se queja: "Maestra, usted es muy mala".

"Gary, tú elegiste quedarte sin recreo. La próxima vez la haces en casa."

La frase "tu elegiste" es muy importante. Nosotros damos las opciones y ellos eligen. Al aclararlo los ayudamos a tomar la responsabilidad de la realidad que se crean. La buena noticia es que siempre les damos otra oportunidad para que puedan hacer una elección diferente.

"¿Crees que recuerdes que jugar no es pegar?", pregunta la maestra de preescolar al alumno que está sentado a su lado en recreo. "Muy bien, puedes irte nuevamente a jugar."

## 16. Sé justo pero flexible

Lo rígido se quiebra, por lo tanto, hay que ser flexibles, es decir, hay que tomar la situación en consideración y pueden haber excepciones.

"¿Por qué Santiago sí sale a recreo cuando no hizo la tarea y yo ayer me tuve que quedar en el salón?", pregunta un alumno molesto. "Porque su padre se puso muy delicado y lo hospitalizaron ayer en la tarde."

Al maestro corresponde sopesar la situación y decidir lo que es justo. Puede haber excepciones, pero son eso, excepciones. Casos aislados donde se rompen las reglas. Ten mucho cuidado de no hacer excepciones por la presión de los padres o por favoritismo. Sería deshonesto y crearías resentimiento en los demás alumnos.

## 17. Límites y dislexia, TDA, TDAH

"Yo odié la escuela. Recuerdo que de niña pasaba de estar sentada hasta adelante donde la maestra trataba de controlarme para que pusiera atención hasta que se hartaba porque distraía a todo el grupo y entonces acababa sentada hasta atrás pegada a la pared. Cuando eso no funcionaba me regresaba al frente. Y cuando ya la desesperaba me sacaba del salón al pasillo donde pasaba gran parte del tiempo. Así conocí a alumnos de todos los grados y me volví muy popular. No fue hasta que mi tercer hijo empezó a repetir mis mismos comportamientos y lo llevé a evaluar, cuando descubrí que nuestro mal era dislexia. De haberlo sabido mi madre, ¡otra hubiera sido mi experiencia escolar!"

Cuando escuchamos las historias de adultos que han vivido estás dificultades, tenemos que sentir mucha compasión. Porque si el maestro la pasa mal, el alumno la pasa mucho peor. ¿Podemos imaginar la desesperación que debe sentir un niño ante las exigencias de un ambiente escolar estructurado cuando no tiene control de su cuerpo? Estos niños son inteligentes, en algunos casos hasta brillantes, pero por su comportamiento inquieto y falta de atención son erróneamente vistos como tontos. Ante la disyuntiva de ser calificados como tontos o mal portados, eligen esta última.

La maravilla de la época que vivimos es que hay mucha ayuda para estos niños. Pero antes que nada, aconsejen a los padres que eliminen el estrés de su vida a través de:

- Poca o nada de TV, videojuegos, o internet.
- Poca azúcar.
- Revisar alergias.
- Rutina para sus actividades: comer, estudiar, bañarse, dormir.
- Límites claros.

- Menos clases en las tardes.
- Fomentar las actividades artísticas, el ejercicio y el contacto con la naturaleza.

El maestro requiere mucha paciencia y *el compromiso por parte de los padres de que sea tratado por un especialista* (vea el capítulo 7). Existe la tendencia a medicarlos para que se apacigüen y "eliminar el problema" y, aunque sí hay niños que requieren este tipo de ayuda, aconsejen primero a los padres que cambien su estilo de vida y asistan a terapia y que sólo sean medicados como último recurso.

Otra alternativa es cambiarlo a un colegio menos exigente. *No todas las escuelas son para todos los niños.* Es importante reconocer cuándo un alumno tiene necesidades distintas de las que puede cubrir el colegio. Cuando los padres están en negación del problema y no quieren tratarlo y la escuela insiste en quedarse con el alumno por no perderlo como cliente, la situación se vuelve un calvario para el maestro y sus compañeros.

> El tío asombrado observaba con impaciencia cómo su sobrino que lo acompañaba a ver una película en la televisión, repetía incansable la siguiente secuencia: estaba sentado unos momentos, después daba dos vueltas al sofá, se daba una maroma y se volvía a sentar.

Hay niños que son insoportables por sus problemas de aprendizaje y falta de madurez. A pesar de su falta de atención e hiperactividad necesitan límites y consecuencias muy claras.

> "Esta es la hora de comer y necesitas estar sentado. Si te paras, retiraré tu plato de la mesa", le dice la madre a su hijo Oscar que estaba acostumbrado a convertir la hora de comer en una danza interminable. La primera vez que se paró, la madre retiró su plato de comida.

El maestro de niños con problemas de aprendizaje o físicos necesita una combinación de:

*Firmeza,* para poner límites y no ceder

*Paciencia,* para no desesperar buscando resultados inmediatos

*Compasión,* para recordar que el alumno es un ser humano que necesita sentirse amado y la está pasando mal

*Confianza,* para saber que madurará a su propio ritmo

> "Mi hijo volvió el estómago hoy en la mañana, está muy nervioso con la clase abierta que habrá en el colegio. Cuando le reclamé al director que porqué los presionaban de esta manera exhibiéndolos frente a todos los padres de familia y humillándolos cuando no contestan bien y se tienen que ir al final de la fila, me dijo que tienen que aprender a trabajar bajo presión. Estoy de acuerdo si estuvieran preparándose para la universidad pero mi hijo está en primero de primaria. Creo que voy a buscar otra escuela."

Mientras nuestra sociedad siga educando de manera desequilibrada sin tomar en cuenta las necesidades emocionales y de desarrollo de los niños y los jóvenes, seguirán incrementándose los niños con dificultades. Toca a los maestros asumir su responsabilidad y tomar cartas en el asunto para influir en la elaboración de programas educativos efectivos pero relacionados con la idiosincrasia de nuestra cultura y las necesidades de los educandos, al igual que para eliminar presiones absurdas que no los ayudan sino los estresan y afectan su salud emocional.

## 18. Ten sentido del humor, la sal y pimienta de la vida

> "¿Qué no es ni blanco, ni negro, ni hombre, ni mujer?", pregunta la maestra de religión esperando que contesten "Dios", a sus alumnos de cuarto de primaria. "¡Michael Jackson!" responde entusiasmado su alumno más precoz.

Un maestro sin sentido del humor es un maestro agrio que no disfruta enseñar. Porque los alumnos nos ofrecen una fuente interminable de situaciones chuscas y simpáticas que nos deben hacer por lo menos sonreír.

Una alumna llega a la escuela con mechones de pelo pintados de diferentes colores. "Mariana, tú sabes las reglas de esta escuela, vete a tu casa y no regreses hasta que tengas el pelo negro." Una hora después regresa con el pelo cubierto con betún de zapatos negro.

¿Queremos alumnos creativos?, pues aquí los tenemos. Cuando estén exasperados recuerden estos incidentes y compártanlos para recuperar su buen humor.

Un alumno pide todos los días salir del salón a la misma hora y la maestra, imaginando que va al baño después de varios días le dice que no es necesario que le avise. Un día pasa la maestra por su pupitre y ve que tiene un vaso desechable con una bolsa de té. "¿Qué es esto?", pregunta la maestra. "Es mi hora del té, maestra, usted me dijo que no era necesario avisarle."

Pero algunos maestros no se quedan atrás:

"El visitante se quedó muy impresionado con tu grupo de alumnos. Me dijo que todos entusiasmados levantan la mano cuando preguntas y siempre saben la respuesta. Por lo visto han avanzado mucho", comenta impresionada la coordinadora. "No te creas, siguen igual, lo que pasa es que les he enseñado que cuando viene alguien de visita y hago una pregunta, todos deben alzar la mano. Los que saben la respuesta, alzan la mano derecha, los que no, la izquierda."

Ríanse, ríanse mucho, para que contagien a sus estudiantes su gusto por vivir.

Para su entretenimiento les comparto las siguientes anécdotas:

En una clase de sexualidad, pregunta un alumno, "Maestra, ¿conoce los anticonceptivos compuestos de nitrato?" La maestra se queda perpleja tratando de recordar si los había escuchado nombrar... "Sí maestra, ni trato de abrazarla, ni trato de besarla, ni trato de acariciarla..." contesta rápidamente con picardía el alumno.

"¿No te da vergüenza sacar estas calificaciones? Mira en cambio a tu amiguito, Roberto, él no se saca cincos y seises," le reclama la madre. "No, pero es que él es diferente, él tiene padres brillantes."

"No entiendo, Raúl, eres inteligente y pudiendo haber terminado la preparatoria en 6 semestres, ya llevas 8, ¿qué pasa?" pregunta el director. "Pues es que mi padre me dijo que yo estudiara lo que más me gustara y a mí lo que más me gusta es la prepa."

"¿Qué tal te gusta ir a la escuela?" pregunta una señora a un niño pequeño. "Me gusta bastante ir y regresar, lo que no me gusta es estar ahí."

"Roberto Sánchez no va a poder ir a la escuela hoy porque está enfermo," dice una voz de niño tratando de sonar ronco. "¿Quién llama?" "Llama mi papá."

# Capítulo 7

# SI SÓLO LO CAMBIARAN DE SALÓN

## Lidiando con alumnos difíciles

"Un día me fui de pinta. ¡Mi maestra mandó una nota de agradecimiento a mi casa!"

MILTON BERLE

Cuántas veces pensamos como maestros equivocadamente que
si sólo cambiaran de salón a ese alumno problemático, nuestras
vidas serían diferentes. Que por fin tendríamos un salón armonioso donde reinaría la paz y que nuestro trabajo realmente
sería aprovechado. Que si no fuera por culpa de ese alumno,
nuestras vidas dejarían de ser miserables y seríamos felices.

Esto, por supuesto, es sólo una fantasía. Porque cuando se
llega a cumplir nuestro deseo y cambian a ese alumno a otro salón, para nuestra sorpresa surge otro que ocupa su lugar. Porque
este alumno que nos hace la vida difícil lo hemos atraído como un
medio perfecto para crecer pues gracias a sus confrontaciones tenemos la posibilidad de conocer nuestras debilidades y superar-
las. La vida es realmente perfecta. Es como una obra de teatro en
donde cada personaje ha sido escogido cuidadosamente para re-
presentar el papel que le corresponde para colocarnos en la situación ideal que nos refleje nuestras limitaciones. Así, atraemos a
nuestra realidad a las personas que nos pueden proporcionar los

retos que necesitamos para aprender las lecciones que aún no hemos dominado. Una vez comprendidas estas lecciones, estos conflictos van desapareciendo poco a poco de nuestras vidas.

> "Cómo te fue en la escuela hoy?", pregunta la madre. "Muy bien, tuvimos una maestra nueva que quería saber cuántos hermanos tenía y le dije que era hijo único." "Y qué te dijo?" "Que ¡gracias a Dios!"

Revisemos a ese alumno que nos hace la vida imposible. Cuando un alumno es problemático es porque está descontento y necesita ayuda pero no sabe cómo pedirla. Quiere ser visto, tomado en cuenta, escuchado, pero su comportamiento sólo produce fastidio. Anhela ser aceptado, pero sólo provoca rechazo; y aunque ansía ser rescatado, su conducta provoca que lo abandonen una y otra vez para sobrevivir con sus recursos limitados. Como el mendigo hambriento que al estirar la mano nos incomoda y lo tratamos de ignorar, continuamente hacemos a un lado a este alumno.

Si pudiéramos percibir a estos alumnos a nivel emocional, veríamos a seres raquíticos, en los huesos, pues nunca han recibido un alimento consistente. Llegan en este estado al salón de clases provenientes de familias que no tienen tiempo para ellos y los abandonan, y para subsistir desarrollan estas conductas que a todos molestan. Han sobrevivido como mejor han podido, pero su situación desesperada los convierte en la pesadilla de sus maestros. Así se crea un círculo vicioso que corresponde a los maestros romper. Pues entre más necesitado y dolido esté un alumno, peor se comportará, menos lo aguantaremos y más lo rechazaremos. Entre más lo rechazamos, más necesitado está y peor se comporta… y así sucesivamente.

¿Cómo podemos romper este círculo vicioso para ayudar a sanar a estos alumnos? ¿Qué necesitan estos alumnos que nos parecen un problema?

A continuación te ofrezco varias ayudas prácticas.

# Ayudas prácticas

Cúralos con las 3 A: **a**ceptar, **a**mar y **a**lentar

Con una dosis muy baja, casi diríamos homeopática, de cualquiera de estos elementos, empezarán a ver una mejoría notable en sus alumnos que con sus comportamientos molestos están pidiendo ayuda a gritos. Revisemos cada uno detenidamente.

## Aceptar

Para aceptar a alguien, primero tenemos que verlo. Conocerlo, saber quién es, cómo es, qué prefiere, qué le gusta, qué le disgusta. Qué le interesa, qué le fascina, qué le molesta, y cuando es posible (aunque no es indispensable), conocer su historia.

Entonces *ve* a tu alumno, a ese chico difícil que tal vez te tiene harta. ¿Cómo es realmente? ¿Quién es atrás de ese comportamiento provocador, irritante que te invita a rechazarlo? ¿Quién está ahí, dolido, asustado, triste?

Si haces a un lado los juicios y las ideas que ya tienes de él, te va a sorprender encontrarte con una persona desconocida. Atrás de esa conducta hostil, hay un ser que añora ser aceptado como es. Hay una chica o un chico que quizás están desesperanzados porque no ven salida a sus dificultades o que están decepcionados porque no han encontrado un adulto en el cual confiar. Atrás de ese alumno nervioso y retador, tal vez descubras a un ser confundido que necesita que le tiendas la mano.

### Practica el "no sé"

El dicho *ojos vemos, corazones no sabemos,* es muy sabio. Puedes ver a los padres en la puerta de la escuela y hasta conocerlos socialmente y te pueden parecer sumamente amables y agradables, pero en realidad ignoras la dinámica familiar. No conoces su vida íntima y cómo le afecta al alumno. Cuántas veces nos quedamos asombrados al enterarnos de que ese señor que es tan simpático y amable golpea a su esposa o que esa madre tan guapa y agradable es alcohólica. Y decimos, pero si se ven "tan lindos y tan normales". Como maestros tenemos siempre que partir de que "no sabemos". No sabemos qué ocurre en sus casas, no conocemos sus problemas, ni tenemos idea de sus dificultades emocionales. A mí sólo me corresponde recibir al alumno y proporcionarle un espacio armonioso donde se sienta bien recibido, aceptado y apoyado. En pocas palabras, ofrecer un medio sanador.

Cuando recibas un alumno descontento, enojado, grosero o agresivo, piensa:

> No sé de dónde viene su molestia ni qué le pasa, sólo sé que no se siente bien. Algo lo irrita y yo puedo tratar de aliviar esa incomodidad. ¿Qué puedo hacer para que se sienta mejor, más relajado?

Colocarnos en esa postura de *no sé* es un acto de humildad. Significa partir de cero para abrirnos a que el alumno nos muestre lo que necesita. Soltar nuestras ideas preconcebidas y verlo con ojos frescos cuando llega al salón de clases. No juzgar, ni criticar, sino aceptar. Aceptar lo que es y con eso trabajar.

Si tienes que preparar una ensalada, tomas la verdura y la limpias. Tienes cuidado de hacer a un lado las hojas marchitas y quitas las partes lastimadas. Cortas y picas. Tu cometido es que quede la ensalada lo más rica posible. No te detienes para quejarte de las hojas marchitas o maldices al campesino por no haber sido más cuidadoso. No te preguntas si le faltó sol o más agua. Simplemente trabajas con lo que tienes.

De la misma manera, como maestro, tienes que trabajar con lo que hay, con lo que es. Observa al alumno frente a ti y toma cierta distancia interior para que puedas elegir la mejor manera de ayudarlo. Tu intención es tenderle la mano para que sienta un apoyo firme. No te distraigas juzgando ni criticando. Enfócate en el problema que tienes frente a ti y actúa. Dile al alumno algo que lo conforte. Puedes iniciar describiendo lo que observas:

> Pedro, te veo cansado, parece que no dormiste bien, ¿te despertó otra vez tu hermanita?

> Alicia, entiendo que estés molesta pero no puedo permitir que le pegues a tu compañera. Vente un momento conmigo hasta que te sientas mejor. Ayúdame a repartir estas hojas.

Este es el verdadero trabajo del maestro, aceptar. Aceptar al alumno como el ser íntegro que es, con sus debilidades y sus fortalezas. Con sus defectos y sus cualidades, sus buenos momentos y sus malos ratos. Con todos sus estados emocionales, dudas, confusiones y contradicciones.

## Amar

La palabra amor muchas veces nos asusta porque tememos ser incapaces de amar. Sin palabras nos preguntamos, ¿seré realmente capaz de amar? ¿Y si mi amor no es lo suficientemente bueno? Pero podemos relajarnos, porque la manera más sencilla y directa de amar es dando atención. Así como la planta necesita agua para subsistir, los seres humanos necesitamos amor y la forma más directa de recibirlo es a través de la atención que nos brindan. Dar atención es una forma de amar. Prestamos atención a lo que realmente queremos, a lo que nos importa, a lo que cuenta.

Por esto, haz un alto para reflexionar y revisar ¿a dónde pones tu atención? ¿Qué es lo que más alimentas con ella? ¿Cuáles son tus prioridades?

Tus verdaderas prioridades son aquellas cosas que tienen tu mayor atención. Porque a lo que más atiendes es lo que más quieres, ya sea tu trabajo, tus amigos, la TV, tu familia, tu casa, tu apariencia, tu celular, etcétera.

Pero la mente nos engaña, y si no revisas con honestidad puedes vivir en una ilusión donde no concuerda lo que piensas con lo que haces. Puedes, por ejemplo, pensar que tus hijos son lo más importante pero si les dedicas poco tiempo, en realidad no son tu prioridad, ni los quieres tanto como piensas. Si dices que tu pareja es tu prioridad y convives poco con ella, no es cierto que sea lo más importante en tu vida. El verdadero amor se implementa, se pone en acción dando atención. Desgraciadamente tendemos a vivir engañados sosteniendo una imagen idealizada de lo que quisiéramos ser, pero que poco tiene que ver con lo que somos y hacemos. Tenemos que concluir:

*Sólo amamos a lo que damos atención.*

Sí, sólo amas a lo que das atención, lo demás es sólo una ilusión, una fantasía que te creas mentalmente pero que nada tiene que ver con la realidad. Si dices amar ser maestra, tienes que dedicarle tiempo, alimentar tu vocación preparándote con pasión y entusiasmo y esforzándote por dar lo mejor de ti. Y si quieres ayudar a ese alumno que tiene dificultades necesitas detenerte y darle atención.

### La atención sana

Si sólo nos diéramos cuenta del alcance que tiene brindar a estos alumnos difíciles el regalo de nuestra atención. Cuando les ponemos atención nos conectamos de corazón a corazón para alimentar y nutrir sus almas. Como vitaminas concentradas, esta atención reanima y fortalece sus escuálidas vidas emocionales.

Una vez, dando una conferencia a un grupo de maestros en una escuela privada, me reclamó un maestro con obvio enfado: "Aparte de enseñar a leer y escribir, de enseñar matemáticas y ciencias, ¿pretende que además seamos psicólogos?"

Cualquiera puede, con un poco de dedicación, enseñar a leer y escribir, pero saber amar, eso sí es un arte. Un verdadero psicólogo al igual que un maestro, tiene que saber amar. Tiene que poder alimentar al paciente y al alumno a través de su atención con ternura, compasión, aceptación y su interés y gusto por vivir. Tiene que darse este intercambio si deseas sanar las heridas de los que atiendes.

Pero te puedes preguntar, ¿cómo puede ser suficiente darle atención a este alumno cuando no sé lo que le pasa y me desespera? ¿Cuándo me parece un caso tan complejo? El regalo más importante que le puedes dar a ese niño es brindarle tu atención y para ello necesitas estar presente, en el momento, con la intención de acompañarlo. Cuando te interesas en conocerlo y él se siente visto y tomado en cuenta, tocas su corazón y ayudas a sanarlo. Sí, curas esas heridas que lo incitan a comportarse como un majadero.

**Alentar**

*¿Cómo puedo ayudar a que este alumno se relaje?*

La palabra relajamiento es sinónimo de bienestar. Bien estar. Eso es lo que necesita el alumno, sentirse a gusto, seguro, libre de amenazas para que baje la guardia y pueda ser él mismo. Un niño contento es un niño relajado.

Por el contrario, un niño descontento, enojado, agresivo, es un niño tenso que se siente desanimado y ha perdido la confianza en sí mismo. Si queremos ayudarlo a que se relaje, necesitamos alentarlo. Porque como bien decía el famoso psiquiatra infantil Rudolf Dreikurs, un niño problemático es un niño desalentado. El maestro necesita alentarlo para que recupere la confianza en sí mismo y deje de buscar atención de maneras equivocadas. Porque un alumno que reta y provoca está queriendo llamar la atención, quiere que lo vean. Ha tratado de que lo tomen en cuenta de otras formas pero como no le han funcionado, recurre a estos comportamientos molestos como último recurso. Como ya no cree en sí mismo está dispuesto a conformarse con recibir atención de segunda, con regaños, castigos y humillaciones. Su necesidad de recibir atención es tal que está dispuesto a aguantar cualquier cosa con tal de no pasar desapercibido.

De ellos es que escuchamos este tipo de quejas:

*Todo siempre me sale mal.*
*Esto está muy difícil, ¡no puedo!*
*Ya traté pero me quedó horrible.*

Estos comentarios provienen de alumnos que se sienten derrotados, que *ya tiraron la toalla* o están a punto de hacerlo. Es por esto, que el maestro deberá estar siempre atento cuando un alumno dice *no puedo*. Tomarlo como una señal de alarma que indica que debe intervenir y decir:

*¡Claro que puedes! Yo te voy a ayudar para que puedas.*

Y aquí lo importante es sólo ofrecer la ayuda necesaria para que el alumno experimente el *sí puedo*. A veces eso significa sostener el cuaderno para que él trace o darle alguna explicación sencilla que le facilite lo que quiere lograr. Significa *no hacer el trabajo por el alumno,* que sólo le confirmaría nuestra maestría y su ineptitud. Dar sólo el apoyo que necesita, en cambio, afirma y alimenta su autoestima.

## No hagan de más

Como regla general, *deténganse y no hagan de más.* Porque alentar significa ofrecerle ese apoyo invisible que lo sostiene cuando intenta hacer algo que considera difícil. Quiere decir que sabemos que necesita esforzarse, enfocarse y ser perseverante, sí, pero finalmente confiamos en que tendrá éxito. Cuando el maestro alienta dando sólo la ayuda necesaria y acompaña este proceso con su atención, en silencio, fortalece al alumno y alimenta la seguridad en sí mismo.

## ¡No te enganches!

Desgraciadamente no alcanzamos a ver las heridas del alma, sólo contemplamos sus efectos: la rabia, el resentimiento, la tristeza, la hostilidad, la agresión, el retraimiento, el miedo. Estas reacciones nos molestan cuando las tomamos de manera personal, pero podemos ayudarnos repitiendo los siguientes pensamientos:

*Si yo la estoy pasando mal, ¡él la está pasando peor!*
*Su mal comportamiento sólo es la expresión de lo infeliz que se siente.*
*Este alumno está dolido y su dolor nada tiene que ver conmigo.*

Estos pensamientos te ayudan para no reaccionar de manera automática, y te dan un pequeño respiro para no contra atacar. *Cuando reaccionas, te estás enganchando.* Haces mancuerna en lugar de guardar interiormente la distancia para darte cuenta de que, en realidad, todo lo que carga emocionalmente este alumno, nada tiene que ver contigo. Porque ¿qué conoces de él realmente? ¿Tienes idea de lo que vivió en casa la noche anterior? ¿Sabes cómo lo trata su familia, que dificultades tienen sus padres? ¿Es un niño abusado?

"Julio es un niño sumamente difícil", comenta Regina la maestra de tercer grado a su colega a la hora del recreo. "La verdad es que pienso pedir que lo cambien de salón porque ya no lo aguanto. Cuando no está molestando a sus compañeros, se queda dormido en la banca y no termina su trabajo. Cuando le llamo la atención, que es casi todos los días, me mira con cara de odio. No sé que le pasa pero ya me colmó el plato."

Unos días después, Regina se encuentra a la tía de Julio en el supermercado. "Qué gusto verla, no sé si le comentaron, pero la madre de Julio está sumamente delicada, le diagnosticaron cáncer hace varios meses y ha estado recibiendo quimioterapia pero no ha respondido bien. El pobre de Julio ha tenido que pasar de casa en casa y estoy muy preocupada por él. Debe estar muy triste y angustiado, ¿cómo le está yendo en el colegio?"

Podemos imaginar cómo se sintió Regina cuando se enteró lo que estaba viviendo su alumno. Seguramente esto la ayudó a ver con diferentes ojos a Julio y tenerle paciencia y compasión. Es fácil comprender que un niño que está perdiendo a su madre y en la escuela sólo recibe regaños, tiene que estar asustado, confundido, agotado y ¡muy enojado!

### Ten humildad y pide ayuda

La humildad es una virtud que todo maestro debe desarrollar. Ser humilde nada tiene que ver con sentirse poca cosa, soportar humillaciones o tener baja autoestima. Ser humilde es reconocer que no tienes todas las respuestas, que sólo conoces tu parte de la verdad y que puedes estar equivocado.

Por el contrario, el maestro arrogante, como les mencioné al referirme del temperamento colérico, se coloca por encima de los demás y se cree mejor que ellos. En su afán por ser perfecto no reconoce sus errores ni recibe ayuda. Cree tener siempre la razón y se molesta ante la crítica y no acepta sugerencias.

El maestro humilde, en cambio, escucha y se enriquece con las aportaciones de los demás. Busca ayuda y apoyo cuando lo necesita para sacar adelante a un alumno. Conoce sus fortalezas pero también sus limitaciones, y sabe que las aportaciones de los demás ayudan a ampliar su perspectiva. Ante la situación de no saber cómo manejar a un alumno difícil solicita ayuda y está abierto a nuevas ideas que lo beneficien.

Ángel, un maestro de 2° de secundaria, decide convocar una junta de maestros para discutir a Damián, un alumno con el que está teniendo dificultades. En la junta Ángel expone los problemas con los que se ha enfrentado y las soluciones que ha implementado. "La verdad es que me siento impotente y cansado, pues no veo mejoría y me gustaría escuchar sus sugerencia para ver qué puedo hacer para ayudarlo."

Como maestros podemos entrar en un círculo vicioso en donde repetimos y repetimos lo que creemos son buenas soluciones y aunque no obtenemos los resultados que buscamos, seguimos insistiendo. Es así como damos vueltas y perdemos el camino. Este es un buen momento para pedir ayuda a otros colegas. Porque estamos tan cerca del problema que como dicen, *ya no vemos el bosque por ver los árboles.* Invitar a otros maestros a que nos den retroalimentación es un acto de humildad cuyo resultado beneficiará al alumno. Cuando un grupo de maestros se interesa en un alumno, por el simple hecho de tenerlo en mente y darle atención, empieza a haber un efecto positivo en él.

No les pido que crean lo que escribo, les pido que lo prueben y lleguen a sus propias conclusiones, pues todo lo que les comparto está basado en mi propia experiencia de maestra.

Además de pedir ayuda a los maestros, hay que incluir a los padres de familia cuando sea posible (revisen el capítulo 9).

*Terapia*

Otra ayuda importante es encontrar la terapia adecuada para apoyar al alumno. Cuando la escuela cuenta con terapia psicológica o terapia de aprendizaje esto facilita mucho la situación, pero cuando no es así, es necesario solicitar una entrevista con los padres para pedirles que busquen ayuda. Esto no siempre es fácil.

En la experiencia de algunas escuelas, cuando piden una valoración del alumno, con frecuencia los médicos hacen un electroencefalograma que sale "normal" pero no refleja muchas dificultades de aprendizaje. A veces los psicólogos, según su corriente o especialidad, también tienden a realizar un diagnóstico limitado que con frecuencia menciona lo emocional sin hacer un estudio completo de las habilidades de aprendizaje y habilidades del pensamiento. Idealmente hay que pedir un *diagnóstico diferenciado* que es interdisciplinario entre el pediatra, neurólogo y/o paidopsiquiatra, psicólogo y el maestro. Cuando la comunicación es con y entre los especialistas, el maestro y los padres de familia, se atiende el alumno de la mejor manera. Este *diagnóstico diferenciado* es asertivo cuando al iniciar las estrategias de apoyo se observa un cambio positivo en el alumno.

A veces el terapeuta no comprende cuando la escuela se queja del comportamiento del alumno y puede hasta pensar que el problema es la ineptitud del maestro, pues su cliente no presenta los mismos problemas en la terapia individual. Por esto es importante que el terapeuta evalúe al alumno de manera integral *observándolo también en el salón de clases* pues su conducta puede ser muy distinta cuando tiene que interactuar en grupo. Cuando no se contraponen, sino se alían el terapeuta y el maestro para trabajar juntos, el avance del alumno es notorio.

## Entrevista con los padres de familia

Nunca hablen de las dificultades del alumno con los padres a la hora de la salida o frente al alumno. Denle la importancia que merece solicitando una entrevista e insistan en que ambos padres asistan. Aunque tengan que ser flexibles para adecuarse a sus horarios, vale mucho la pena, pues cuando los dos asisten se tienen mayores probabilidades de apoyo en beneficio del hijo. Algunas veces, si uno de los padres entra en negación, el otro puede estar más receptivo.

Antes de la junta, consigan datos de varios terapeutas para recomendarles.

## El reporte escrito

Para la entrevista prepara un reporte escrito del alumno lo más objetivo posible, describiendo tus observaciones sobre su comportamiento, actitudes y aprovechamiento. Incluye los comentarios de todos los maestros que tienen contacto con él. Evita hacer juicios y críticas, sólo *describe*. La meta es ayudar a este alumno, no culparlo o acusar a los padres.

Al final del reporte incluye tu sugerencia de que sea evaluado y busquen ayuda terapéutica. Anota los comentarios de los padres así como la fecha en que se comprometen a reportarse para comunicarte los resultados.

Al final del documento deja dos espacios para la firma de cada padre (así sabrás si ambos asistieron) y otro con la fecha.

*Entrega a los padres una copia de esta entrevista y archiva la tuya.* Cuando la entrevista no se hace por escrito, le restas importancia y corres el peligro de que los padres interpreten subjetivamente lo dicho y *olviden* lo acordado. Será muy difícil dar seguimiento y no tendrás nada que te respalde para insistir en que busquen ayuda.

## La entrevista

Un padre de familia que ha sido llamado a una entrevista para discutir la conducta o el aprovechamiento de su hijo, es un padre que está en una posición muy incómoda. Debes tomar esto en cuenta si quieres tener una entrevista productiva.

*Bájales la guardia.* Para que no estén a la defensiva, se relajen y escuchen lo que tienes que decir, recíbelos con cordialidad e inicia la reunión tocando aspectos positivos de su hijo. Recuerda alguna anécdota simpática que rompa el hielo y ayude a que se den cuenta de que tu interés es genuino.

"Qué gusto me da que hayan venido, ya quería tener la oportunidad de platicar con calma", dice la maestra Cecilia tendiéndoles la mano. "Sergio su hijo ¡es tan ocurrente! Siempre está haciendo reír a sus compañeros, tiene una forma muy graciosa de decir las cosas y hasta lo más serio se convierte en broma. Recuerdo aquella excursión en que se cayó su amigo Rafael y lloraba desconsolado. Quién sabe qué le dijo Sergio, pero al poco rato hasta Rafael estaba muerto de la risa."

Prepara también una serie de preguntas para conocer mejor la dinámica familiar. Asegúrales que lo que comentan es confidencial y con el sólo interés de ayudar a su hijo.

*Escucha.* Hablar con los padres te da la oportunidad de familiarizarte con otras facetas de la vida del alumno, lo que vive en casa y cómo lo perciben sus padres. Interésate y ábrete a escuchar. Piensa:

*No sé quién es este alumno, pero quiero conocerlo mejor.*

Cuando escuchas con apertura y atención, los padres sienten tu interés y confían en ti.

*Logra la empatía.* Es decir, ponte en sus zapatos, ¿cómo te sentirías si se tratara de tu hijo? ¿Si tu hijo estuviera en problemas, cómo te gustaría que te abordara el maestro?

Cuando somos empáticos podemos tratar temas muy delicados de manera sensible y con tacto. Comprendemos que los padres están sufriendo y somos directos pero suaves.

Cuando un maestro en vez de tener empatía, simpatiza, entonces pierde su lugar y su objetividad y se incapacita para ayudar. Siente de tal forma la molestia de los padres y se conduele, que le falta el valor para hablar con claridad y conseguir su cooperación. Cuando simpatizamos nos falta la firmeza y el enfoque necesarios para no perder de vista nuestro objetivo: que los padres comprendan la importancia de encontrar la ayuda adecuada para su hijo.

En cambio, una persona empática comprende el dolor del otro pero guarda la distancia necesaria para no perder de vista su meta: que se atienda al alumno lo antes posible.

*Habla con claridad.* Cuando al maestro le falta valor para abordar el tema, hablará dando rodeos, *cantinfleando*, y esto confundirá a los padres. Esta es una razón importante para llevar el reporte escrito que te dará la estructura para seguir un orden y no olvidar puntos importantes.

*Mide tu tiempo.* Ten un reloj a la vista para medir el tiempo y cubrir todos los puntos. El maestro deberá ser efectivo para no tener que alargarse. Cuando estas entrevistas se extienden, agotan al maestro y dan pie a que los padres piensen que pueden disponer ilimitadamente de su tiempo. Mantener límites sanos beneficia a ambas partes.

> "Mi trabajo es agotador", se queja una directora de escuela, "los padres me llaman a todas horas de la noche y las entrevistas con ellos duran horas tomando mucho de mi tiempo en las mañanas." Su amiga que también había sido dueña de escuela le contesta: "¿Y por qué no les pones un alto? Los tienes muy mal acostumbrados. No me extraña que te enfermes tan seguido".

Para cuidar la relación profesional con los padres, sólo traten los problemas de los alumnos en entrevistas que están en la agenda. Eviten hacerlo por teléfono, en la puerta de la escuela o en eventos sociales. Sean corteses pero claros: *Me interesa tanto tu hijo que creo que esto merece hacer una cita, ¿no crees?"*

## El seguimiento

Si no hay un seguimiento después de la entrevista, es muy probable que los padres no hagan nada. La tendencia a *no ver el problema* es un mecanismo de defensa natural y *olvidarán* buscar ayuda.

Anota en tu agenda la fecha en que tienes que contactarlos, para hacer un seguimiento triangulado entre la terapeuta, los padres y la escuela.

## Cuándo hay que dejar ir a un alumno

Cuando el caso de un alumno es grave (esto se mide en el efecto negativo que tiene sobre el maestro y el grupo de compañeros) recomiendo condicionarlo, es decir, explicar a los padres que para que permanezca en la escuela necesita cumplir con ciertas condiciones:

1. Que los padres asistan a las entrevistas que se les soliciten y se comprometan a cooperar con la ayuda que requiera el maestro.
2. Qué asista el alumno a terapia.
3. Que haya un cambio positivo en su conducta.

De no ser así, se les recomendará buscar otra escuela.

Cuanto más claras sean estas políticas, mayores serán las posibilidades de que los padres cooperen y atiendan al hijo. Cuando un alumno tiene problemas muchas veces los padres entran en negación y no hacen nada a menos que la escuela se ponga muy estricta y condicione su reinscripción. Para apoyar esto los invito a considerar utilizar la carta compromiso para los padres y para el alumno que presento en el anexo y que fue elaborada y probada exitosamente por la Comunidad Educativa Hanrath de la ciudad de Aguascalientes, así como apoyarse en el *Manual para la convivencia escolar* SEP elaborado en Puebla (puede descargarse por internet).

Firmar un acuerdo tácito en presencia del director, ayuda a que todos, padres e hijo, se alíen para lograr un cambio positivo.

En mi experiencia, cuando las escuelas son muy laxas y sugieren terapia pero no insisten ni condicionan al alumno, la mayoría de los padres no cooperan y el alumno persiste con los mismos problemas arrastrándose año tras año, afectando el trabajo del maestro y del grupo completo.

Deberá considerarse el retiro de un alumno de la escuela cuando:

• No muestra mejoría durante el año escolar.
• Su comportamiento afecta negativamente al grupo.

Consideremos dos situaciones distintas: una, cuando los padres no cooperan y no consiguen terapia pero hay un cambio positivo en el alumno, entonces vale la pena que permanezca. Quiere decir que independientemente de la falta de interés de los padres, él está respondiendo al trato que recibe en la escuela y que se ha iniciado un proceso sanador. La otra, cuando hay cooperación por parte de los padres y encuentran terapia para el hijo, aunque los cambios sean muy leves, es recomendable dar tiempo para que se inicie el proceso de cambio en el alumno y puede quedarse en el colegio.

Sólo en el caso de que no haya un cambio positivo en el alumno y esté afectando de manera negativa al grupo, será preferible que se retire. Esto es, por supuesto, muy desagradable, pero necesario por el bien de todos. He tenido la oportunidad de ver las consecuencias cuando permanece varios años un alumno que no muestra mejoría alguna y cuyos padres están desinteresados en cooperar con la escuela. Un alumno en estas circunstancias desgasta al maestro afectando su rendimiento, lo cual a su vez se refleja en el aprovechamiento del grupo entero. Permitir esta situación es irresponsable.

*Nunca debemos sacrificar a un grupo por un solo alumno.* Tenemos que ser objetivos y tomar la mejor decisión tomando en cuenta no sólo al alumno sino también el bienestar del grupo. Es una gran responsabilidad pedir que se retire un alumno, pero cuando el caso lo amerita dejar de hacerlo por cobardía es irresponsable.

Esta decisión siempre corresponde a los directivos de la escuela, nunca a los padres de familia. Los padres de familia no pueden ser objetivos cuando piden que un alumno sea expulsado, pues juzgan la situación a través de lo que escuchan de sus hijos y sus quejas pueden estar muy alejadas de la realidad. Corresponde al maestro y a los directivos escuchar sus comentarios, tomarlos en cuenta y evaluar la situación para decidir lo que ellos consideren mejor.

Si estás pensando retirar a algún alumno, considera las siguientes preguntas:

- ¿Ha habido algún cambio positivo en su comportamiento en los últimos 6 meses?

- ¿Por qué quieres que este alumno abandone la escuela?

- ¿Realmente tiene un problema serio que afecta al grupo o tienes alguna razón personal para que se vaya?

- ¿Te cae mal y por eso te molesta?

- ¿Ya revisaste si te estás proyectando o haciendo alguna transferencia (vea el capítulo 4)?

- ¿Quieres que se retire por tu comodidad?

- ¿Estás buscando una salida fácil?

- ¿Has hecho todo lo posible por ayudarlo?

Revisa y asegúrate que no estás pidiendo que se retire por razones personales. Estarías cometiendo una gran injusticia con ese alumno y tú estarías perdiendo la oportunidad de aprovechar esta situación para crecer. Tomar la salida fácil y retirarlo será un alivio momentáneo para ti, pero al poco tiempo la vida se encargará de presentarte otra situación si no igual, parecida o similar, para que aprendas lo que necesitas.

Para concluir, nada es más importante que la relación que tienes con tus alumnos. Por el respeto que te tienen, ponen atención en clase. Por querer complacerte, obedecen. Por que te admiran, se esfuerzan por hacer bien su trabajo.

Porque aún no confían en sí mismos, pero ya confían en ti. Cuando tocas su corazón confían en tu sabiduría, tu integridad y tu bondad.

¿Correspondes a esa confianza?

# Capítulo 8

# DIOS MÍO, ¿POR QUÉ NO SON HUÉRFANOS?

## La relación con los padres de familia

Dónde quedaron los días en que los padres decían: "Maestra Ceci, qué bueno que está mi hijo con usted, aquí se lo entrego y ya sabe que cualquier problema me dice para corregirlo. Cuente conmigo". Acto seguido se volteaban y decían al hijo: "Tu maestra es como si fuera yo, tienes que obedecerla y respetarla".

¿Dónde quedaron los días en que para festejar el día del maestro los padres de familia cantaban, recitaban un poema y hasta bailaban en agradecimiento?

Esos días quedaron atrás. Y la pregunta que resume esos comentarios es: ¿En qué momento los maestros perdimos el respeto de los padres de familia?

## Surge el padre defensor

Nunca ha sido fácil tratar con los padres de familia pero en esta era de permisividad se ha vuelto especialmente difícil. Los padres le han perdido la confianza al maestro y en su afán de proteger al hijo y asegurarse que no sufra injusticias lo apoyan sin medida:

"¿Cómo te defiendo, mi hijo?" le pregunta la madre a quien citaron en la dirección por su mal comportamiento.

Cuando los padres se convierten en aliados incondicionales del hijo y ven como enemigo al que lo corrija o lo regañe (entre ellos al maestro), el hijo se vuelve caprichoso y demandante. Estos padres dejan de comportarse como adultos responsables de educarlo y se convierten en amigos que simpatizan con todo lo que hace.

> Cuando no se le permitió entrar a clases a una alumna de secundaria por tener el pelo pintado de distintos colores, la madre se presentó furiosa con la directora, "¿Pero cómo? ¡Si me costó carísimo que se lo pintaran en Miami!"

El hijo del padre que condona todo lo que hace, no aprende a distinguir lo correcto de lo incorrecto y no tiene un sentido de moralidad, y cuando llega al colegio se siente con licencia para hacer lo que le viene en gana. Entonces el trabajo del maestro se complica pues no sólo tiene que lidiar con un alumno irrespetuoso, sino también con el padre que lo apoya.

> "¿Cuál es su hijo?" pregunta una madre de familia a otra mientras observan desfilar a los alumnos en el patio de la escuela.
> "El único que está marchando bien."

No es de sorprender que los maestros se resistan a tratar con estos padres de familia. Pero hay que recordar que el alumno no llega solo, que proviene de una familia que es necesario tomar en cuenta, si verdaderamente quieren educarlo.

## La empatía con los padres

Entre más desubicados estén los padres de familia, más importante es el papel del maestro. Aunque estos padres estén equivocados, están intentando hacer lo mejor para sus hijos, pues quieren amarlos y protegerlos a su manera.

Si tomamos esto en cuenta, podemos orientarlos para que recuperen su autoridad y comprendan que la sobreprotección y la falta de límites lastiman. Pero sólo podemos transmitirles esto si dejamos de tratarlos como los enemigos que hay que evitar o, en su defecto, combatir.

"Ahí viene la madre de Pablo ¡la detesto! Es insoportable con sus quejas y sus demandas. A ver qué se le ocurre hoy."

Si revisamos la situación de estos padres veremos que tienen dificultades para educar a sus hijos porque:

1. *Están estresados*
   Los padres viven estresados, corriendo de una actividad a otra y trabajando sin parar, quedándose muchas veces sin fuerzas ni ganas de ocuparse de los hijos. Los ven a veces como una carga y, por lo mismo, tienden a negar cualquier problema o irresponsabilidad. Terminan siendo permisivos con tal de no enfrentarlos para corregirlos.

2. *Optan por la comodidad*
   Al estar estresados optan por lo más fácil y cómodo: negar, ignorar o evadirse de los problemas que enfrentan los hijos. Los desatienden frente a la televisión y el internet pues así no molestan y los dejan hacer lo que quieren. Pero ante esta indiferencia, los problemas no desaparecen, se incrementan como una bola de nieve que rueda y cada vez se hace más grande.

3. *Sienten culpa*
   Cuando se sienten culpables por no estar presentes buscan compensar dándoles gusto y comprándoles todo lo que desean, en lugar de tomar las decisiones que más convienen a los hijos.

4. *Tienen miedo a perder el amor de los hijos*
   Si en el autoritarismo los padres pensaban que los hijos tenían la obligación de quererlos, hicieran lo que hicieran, en esta época permisiva están temerosos de perder su amor ante el menor regaño y por eso los complacen sin medida. Hay que

recordarles que, aunque en el momento de ponerles un límite no les caen bien, el amor regresa, como una liga que se estira y vuelve a recuperar su forma. Pero cuando cumplen con su tarea de hacer lo correcto, con el tiempo cosecharán no sólo su amor, sino también su respeto y admiración.

## Comprendiendo al padre de familia

Los padres de la actualidad no la tienen fácil. Cuando un maestro no tiene hijos puede ser muy duro al juzgarlos, pues no imagina lo que es ser padre sin tregua las 24 horas. No tiene idea de cómo un hijo confronta nuestras limitaciones, nuestra incapacidad muchas veces para aceptarlo y amarlo.

Todos estamos constantemente respondiendo ante lo que percibimos ser *nuestra* realidad, que construimos de acuerdo con nuestra historia, nuestras experiencias, nuestras heridas, nuestro temperamento y nuestro nivel de conciencia. Cómo interpreto mi realidad es algo subjetivo que determina lo que pienso, digo y hago. Y el padre de mis alumnos no es una excepción. Necesito hacer un acto de humildad para acercarme y tratar de comprender lo que está viviendo en lugar de juzgarlo y pensar que yo en su lugar lo haría mejor. La verdad es que no tenemos idea de lo que sería estar en su lugar. Desde su nivel de conciencia, cada padre está haciendo lo que cree mejor para su hijo.

Cuando nos recriminamos por errores que hemos cometido en el pasado, no tomamos en cuenta que no podíamos haber hecho otra cosa. Que la conciencia que teníamos en ese tiempo es la que nos llevó a pensar y actuar de esa forma. Estamos en constante evolución, así que cuando juzgamos con nuestra conciencia actual actos que cometimos en el pasado, nos hacemos una gran injusticia. No cabe duda que si se presentara la misma situación podríamos en este momento hacer una mejor elección. Debemos reflexionar sobre nuestros errores pasados para aprender de ellos, sin juzgarnos ni culparnos, para sentir compasión y perdonarnos por haber actuado con una conciencia limitada.

Esta misma comprensión se la debemos al padre de familia. Desde su situación, que ignoramos en su mayor parte, está haciendo su mejor esfuerzo. No conocemos sus batallas internas para entender porqué hace lo que hace pero lo que sí sabemos es que por algo este hijo lo eligió como progenitor. Yo estoy convencida de que las casualidades no existen, pues no tendría sentido que naciéramos en una familia al azar. Elegimos en el mundo espiritual, con ayuda de nuestros guías, el perfecto contexto para crecer y superar las tareas que escogemos para esta vida. Nuestro aprendizaje está en la respuesta que damos a los retos que nos presenta la familia. Y es así como vamos dando de tumbos, pero aprendiendo y creciendo en conciencia; unos con más avances que otros, pero finalmente todos en el mismo barco.

Un error común en los maestros es su actitud de superioridad creyéndose mejores que los demás, y sobre todo por encima de los padres de familia. Una persona evolucionada tiene una actitud muy diferente, pues conoce los engaños del ego y se esfuerza por mantenerlo a raya. Reconoce en otros sus propias limitaciones y los trata con paciencia y compasión, sabiendo que cada uno está en su propio camino viviendo las experiencias que le corresponden.

Cuando un maestro se cree mejor que el padre de familia automáticamente se coloca por encima de él, y por lo tanto, no tiene posibilidades de tocarlo y conocerlo. La arrogancia es una barrera que los maestros que quieren crecer tienen que franquear para acercarse a los demás. ¿Quién quiere tratar con una persona que te ve para abajo?

Una cosa es tratar de ayudar con compasión a una familia cuando es posible, creándoles conciencia del impacto negativo que están teniendo en el hijo, otra distinta es condenarlos y pensar que somos sus salvadores. En la primera hay una actitud de interés y servicio, en la segunda de arrogancia. No estamos para salvar ni a los alumnos ni al mundo. Estamos para compartir nuestro conocimiento con respeto y humildad. Este alumno tiene el perfecto contexto para aprender las lecciones que eligió para esta vida, y mi trabajo sólo es inspirarlo y alentarlo para que supere las pruebas que se le presenten.

Ser humilde significa reconocer mi limitación para comprender por qué un alumno elige la vida que elige. Una de las situaciones más difíciles de entender fue la de un alumno que tuve en preescolar:

> Alfonso fue adoptado en Rusia cuando sólo tenía dos años. Estaba acostumbrado a su corta edad a abrir el refrigerador cuando tenía hambre pues su madre biológica era alcohólica, se prostituía y lo vendió para comprarse un par de botas. Cuál no sería nuestra sorpresa cuando al pasar los años resultó que también la pareja mexicana que lo adoptó, era alcohólica. Unos años después, el padre se mató en un accidente, y la madre murió ahogada en su propio vómito cuando se alcoholizó en la fiesta de quince años del hijo.

Concluir que este joven es víctima de la vida y tenerle lástima lo debilita. Sólo podemos sentir compasión y desear que tenga la resiliencia para sobreponerse y salir adelante. ¿Cuántas personas en situaciones igualmente difíciles hacen de su vida un ejemplo que inspira a otros para vencer sus dificultades?

> La maestra convoca a los padres de Héctor para quejarse de que nunca entrega su tarea ni sus trabajos a tiempo. Ambos padres por separado llegan media hora tarde a la cita.

Aunque no podemos salvar a nuestros alumnos de las circunstancias que viven en familia, sí podemos fortalecerlos dándoles lo mejor de nosotros mismos cuando están en la escuela, motivándolos para querer crecer y ser mejores personas.

# La intención es buena aunque la conducta sea equivocada

Todos queremos sentirnos bien, todos. Pero muchas veces buscamos este alivio a través de conductas equivocadas.

"¡Síguele y te voy a dar una paliza para qué entiendas que eso es peligroso!"

El padre que amenaza con pegar tiene miedo y se siente impotente. Su conducta está definitivamente equivocada pero está buscando controlar la situación para sentirse mejor.

"Maestra, estoy de acuerdo en que no hizo el examen pero es que tuvimos que salir de viaje… ¡no es culpa suya!" argumenta la madre en la dirección.

Esta madre quiere deshacerse de su culpa y aliviar su remordimiento de que el hijo sufra las consecuencias de su irresponsabilidad.

*Reflexionemos sobre los siguientes casos:* el adolescente que no puede cumplir las expectativas de los padres se droga para buscar alivio. El niño que presume quiere sentirse valorado. La madre que se desquita con el hijo porque el padre le es infiel quiere soltar su rabia. El niño que hace un berrinche quiere sacar su frustración. El empresario que bebe trata de liberar su estrés. La mujer que come en exceso está tratando de aliviar su ansiedad. El maestro que grita quiere sentir que lo escuchan.

¿Conductas equivocadas? Definitivamente, pero atrás de ellas, como apreciamos, hay una buena intención: sentirse bien. Todos queremos sentirnos mejor y nuestro comportamiento está buscando siempre aliviarnos. *Reconocer esta intención atrás del comportamiento tanto del padre como del alumno es tener empatía.* Esto es muy diferente a simpatizar, donde perdemos nuestro lugar de adultos y por comprender, dejamos de poner límites o aplicar las consecuencias que sean necesarias.

Recuerden, comprender no condona el comportamiento.

> "Entiendo, señora, que esas vacaciones eran muy importantes para su familia pero, como se le advirtió, su hijo tendrá que asumir las consecuencias de no haber asistido."

## El temperamento del maestro influye en sus relaciones

Si tomamos en cuenta los temperamentos vemos que el *maestro sanguíneo* es el que más fácilmente se relaciona con los padres de familia, pues como es muy sociable no tiene dificultad para abordarlos y conoce rápidamente sus intimidades. Su ligereza, simpatía y cordialidad lo vuelven muy popular. El problema del sanguíneo es que cuando se convierte en amigo de los padres no puede comunicarles las dificultades de sus hijos. Recuerdo el caso de una maestra que se volvió íntima de una familia cuya hija tenía problemas de aprendizaje y nunca pudo hablarles claramente del problema. La consecuencia de su cobardía la pagó la niña, pues terminó la primaria sin recibir la ayuda que necesitaba.

Si el maestro sanguíneo no cuida su lugar y le falta integridad corre el peligro, por ser coqueto y seductor, de enredarse amorosamente con algún padre o madre, otro colega o algún alumno, causando ¡un verdadero revuelo en la escuela!

> "¿Ya te enteraste de lo que pasó con el maestro guapo de química, el muy simpático que nos encontramos el otro día en la fiesta? Pues que se armó un escándalo en la entrada de la escuela cuando el padre de Joaquín lo agarró a golpes pues ¡se enteró que anda con su esposa!"

Se evitan muchos problemas cuando los maestros mantienen una relación estrictamente profesional con los padres de familia pues, además de cuidar la reputación del colegio, pueden ser objetivos en sus observaciones e imparciales en su trato con el alumno.

El maestro que no es amigo de los padres pero tampoco los rechaza o ignora, sino que se interesa manteniendo una relación profesional cordial, es el que más beneficia a sus alumnos.

El *maestro colérico* impresiona a los padres con su organización y eficiencia y los hace sentir seguros de que sabe lo que está haciendo. Le gusta dirigir, es bueno para hablar en público y quiere ser considerado el mejor maestro del colegio. No tiene reparo en hablar claro y directo cuando tiene que tratar algún problema con los padres, pero su fuerza y determinación puede amedrentarlos. Si no tiene cuidado, los padres se mantendrán alejados y preferirán tratar con el director. Es muy raro que un padre le falte el respeto a un maestro colérico pues su seguridad y fuerza los mantiene a raya. Más que confrontarlo lo respetan o le temen.

El *maestro melancólico* por el contrario, teme a los padres de familia y trata de evitarlos a toda costa. Si se los encuentra fuera del colegio, hace lo posible por esquivarlos. Cualquier comentario por parte de los padres lo toma de manera personal, sintiéndose menospreciado y difícilmente perdona. Se queja pero se aguanta cuando el alumno presenta alguna dificultad con tal de no citar al padre de familia pues no le gustan las confrontaciones. Tratará de librarse de hacer juntas y reuniones donde tenga que hablar en público pues lo detesta y con gusto le cederá la palabra a otros.

El maestro melancólico es el que más tendencia tiene a victimizarse, se queja pero sin hacer nada cuando los padres se aprovechan de él por su falta de asertividad y fuerza.

El *maestro flemático* tampoco está interesado en relacionarse con los padres de familia pero a diferencia del melancólico que trata de evitarlos, él simplemente no se interesa ni se acerca. No es popular por serio y callado, no le gusta participar en chismes y cuando hay conflictos se mantiene al margen. Sus juntas y reuniones son lentas y aburridas, pero rara vez hay quejas, pues los padres agradecen la bondad y paciencia con que trata a sus hijos. Si algún padre lo agrede, él lo aguanta estoicamente y después no le da importancia.

Te recuerdo que el temperamento sólo marca una tendencia y no es una limitación, por lo que independientemente de tu temperamento puedes esforzarte para tener una excelente relación con tus padres de familia, que resultará en beneficio de tus alumnos.

## Los malos entendidos entre padres y maestros

Ángeles, maestra de computación, era muy amiga de una madre de familia de la escuela. Aunque nunca había sido maestra de su hijo Camilo, lo había tratado en los distintos viajes que habían disfrutado juntos y le parecía simpático y ocurrente.

Un día tuvo que suplir a la maestra de su grupo y cuál no sería su sorpresa cuando descubrió que en el salón de clases era ¡rebelde e indisciplinado!

"Maestra, me parece increíble que me diga que mi hija Andrea se porta tan bien en la escuela. En mi casa es muy difícil, grosera y no me obedece. Ya no sé cómo tratarla, me tuerce la boca y nada le parece. ¿Qué hacen para que se porte tan bien?"

Ambos casos pueden ser ciertos, tanto del alumno que en la escuela es tremendo y en casa es un encanto, como el que es un ángel en la escuela y un demonio en casa. No hay reglas, por eso es importante estar abiertos, escuchar y confiar que si el padre o la escuela se quejan del alumno, sus razones tendrán.

Si los padres dudan de la veracidad de lo que la escuela reporta cuando el alumno es indisciplinado, no podrán apoyar para que cambie su conducta y esto afectará su aprovechamiento escolar.

Si por el contrario, la escuela no se interesa en ayudar al padre de familia que tiene dificultades con el hijo, pierde la oportunidad de un acercamiento importante que puede ayudar a mejorar las relaciones familiares.

El maestro y el padre de familia deben trabajar conjuntamente como aliados para beneficio del alumno y no como enemigos que compiten por tener la razón, descalificándose uno a otro.

Los siguientes son algunos consejos para prevenir malos entendidos cuando hay que tratar algún problema con los padres:

- Sólo tratar asuntos importantes del alumno en entrevistas programadas, teniendo cuidado de avisar la duración de la misma. Nunca dar la impresión de que es por *tiempo ilimitado,* como si fuera una reunión social. La formalidad de hacer una cita le da importancia y seriedad a este encuentro y evita discutir cuestiones importantes de paso, con prisa o sin la debida atención. La entrevista deberá realizarse en el colegio, nunca en un lugar público, una casa, un evento social, por teléfono o por celular.

- En la entrevista, escucharlos con atención, apertura y empatía, sin juzgar, para comprenderlos. No tomar sus opiniones de manera personal ni estar a la defensiva para que bajen la guardia y se dé una verdadera comunicación. No se trata de ganar o que uno tenga la razón por encima del otro, sino de compartir puntos de vista que pueden no coincidir.

- Dejar que se desahoguen, pero poner un límite para no olvidar que lo más importante es *enfocarse en la solución.*

*"Creo que ya hemos revisado la situación lo suficiente y ambos hemos expresado nuestro sentir, ahora lo importante es encontrar juntos una buena solución."*

• Tomar nota y firmar acuerdos.

## El padre conflictivo

Todas las escuelas tienen su cuota de padres conflictivos que desahogan sus problemas y enojos personales en el maestro y la escuela. Para protegerse de este tipo de padre, es necesario ser muy asertivo y saber poner límites claros para mantenerlos a raya. Algunos padres agradecen esta ayuda y aprenden a respetar los límites que les imponen tanto los maestros como los directivos y dejan de utilizar a la escuela como el basurero de sus problemas y frustraciones. Pero hay otros que al no conformarse, buscarán otra escuela para hacer mancuerna y continuar con sus embestidas.

## Citas con padres conflictivos

No dejen que un problema crezca. Uno de los más grandes errores que cometemos es pensar que si no le hacemos caso, la dificultad va a desaparecer. Por el contrario, se presta para chismes que alimentan la discordia y cuando menos te des cuenta lo que era una mera desavenencia, ahora es un señor problema. Así que ármense de valor y aborden al padre ¡cuanto antes!

Si la situación ya es delicada, antes de programar una cita con el padre, asegúrate de contar con la presencia del director o en su defecto de otro maestro que pueda ser facilitador y testigo del intercambio. *Nunca debe un maestro asistir solo a una cita con un padre conflictivo.*

Cuando sabes que tienes que abordar a algún padre enojado es importante prepararte. Para eso revisa lo que sientes pues es casi seguro que tú también estés enojada y necesites soltar ese enojo *antes* de la entrevista, de otra manera:

*Padre enojado + maestro enojado = ¡explosión segura!*

Para evitar esto, hay tres ejercicios que te recomiendo hacer antes de tu reunión con este padre:

- Haz una *carta de odio* para soltar tu rabia y enojo. *"Pero es que no siento odio, yo no odio a nadie, yo sólo amo, es este padre el que…"* Las personas que no se conocen y se piensan muy buenas son ¡las más peligrosas!

  Escribe hasta agotarte, sin tomar en cuenta ni tu letra ni la ortografía, todo lo que este padre te provoca, incluye groserías y dale rienda suelta a tus malos pensamientos. Permítete ser *mala* porque no estás dañando a nadie, por el contrario, estás sacando de tu organismo toda la energía de frustración que tienes guardada. Cuando termines, rómpelo y tíralo al escusado. Di: "Esto es porquería y se va con la porquería". Siente el alivio de soltar.

- Este ejercicio es muy efectivo y consta de tres partes.

  1. Coloca una silla e imagínate al padre sentado frente a ti. Reclámale e insúltalo hasta que sueltes toda tu rabia. Dile de qué se va a morir. No te midas y grita si es necesario.
  2. Ahora imagínate que te da la razón y se disculpa contigo. "Tienes toda la razón por estar tan enojada, he sido muy desconsiderado, ¿qué puedo hacer para mejorar la relación?"
  3. Ahora imagina la relación exactamente como te gustaría que fuera: visualízate platicando de manera agradable, cordial, tranquila. Ambos están sonriendo.

A través de este ejercicio estás en la primera parte soltando tu rabia y en la segunda y tercera cambiando la imagen negativa que tienes de esta persona por una positiva. Aunque es más fácil alargar el primer paso, *los pasos 1 y 3 deben tener la misma duración,* para intercambiar una imagen por otra.

Si es necesario hazlo varias veces antes de la entrevista y te sorprenderá el efecto positivo que esto tiene en tu encuentro.

• Antes de dormir cierra los ojos e imagina que organizas una reunión entre tu Ser Superior (tu parte más elevada) y la del padre de familia. Puedes imaginártelos como luces brillantes o ángeles. Pídeles ayuda para mejorar la relación y que estén presentes en la entrevista.

Trabajar con uno o varios de estos ejercicios te permitirán llegar a la entrevista tranquila, positiva y confiada de que has hecho tu mejor esfuerzo para que la cita sea productiva.

Pero si a pesar de todo, el padre es agresivo o grosero pon un límite y no te pongas *al tú por tú.*

*"Entiendo Sr. Sánchez que esté muy molesto por lo ocurrido, pero no puedo permitir que me grite ni me falte al respeto."*

Si el padre continúa, evita a toda costa discutir, ponte de pie y dirígete a la puerta.

*"Creo que es mejor continuar con esta reunión cuando esté más calmado."*

Un alumno cuyo padre reiteradamente le falta el respeto al personal deberá abandonar la escuela.

## La maestra que se victimiza

El maestro que no pone límites y permite que el padre de familia le falte al respeto es por falta de seguridad en sí mismo y por baja autoestima. Seguramente en otras relaciones también se ubica como la víctima y al igual que en situaciones de *bullying* con los alumnos, no se trata sólo de poner en su lugar al padre que agrede, sino también que el maestro revise y trabaje en su crecimiento personal; que aprenda a darse su lugar y a poner límites cuando alguien se quiera aprovechar de él. El director puede apoyarlo, pero es el trabajo del maestro el darse a respetar.

Es importante que este maestro se pregunte:[3]

- ¿Por qué permito este maltrato?
- ¿Por qué pienso que tienen derecho a tratarme de esta manera?
- ¿Por qué creo que no merezco algo mejor?
- ¿Qué abusos sufrí en mi niñez?
- ¿Qué otras personas abusan actualmente de mi?
- ¿Qué obtengo al convertirme en víctima: atención, lástima, etcétera?
- ¿Qué tengo que hacer para evitar que esto vuelva a ocurrir?
- ¿Cómo puedo fortalecerme?

Repetir las siguientes afirmaciones puede ayudar:

- *Yo merezco respeto.*
- *Nadie tiene derecho a abusar de mi.*
- *No permito que nadie me falte al respeto.*
- *Yo tengo la fuerza y la habilidad para defenderme.*
- *Yo pongo límites claros cuando alguien me falta al respeto.*

---

[3] Revisa el tema sobre la Autolástima (p. 41) del libro *Explora tus emociones para avanzar en la vida.*

## Conflictos inevitables

Es imposible que no haya conflictos en una escuela. Por eficientes e interesados que sean los maestros siempre surgirán situaciones que crean fricciones ya sea con el alumno o con sus padres. Lo importante no es tratar de eliminar estos contratiempos, como saber lidiar con ellos. Aceptarlos como una parte natural de la convivencia y el aprendizaje y enfrentarlos de la mejor manera.

Porque negarlos o ignorarlos no los hace desaparecer, como tampoco ayuda que el maestro sea complaciente, pues cuando trata de darle gusto a todos los padres la integridad del colegio va de por medio.

> "¿Pensé que estaba prohibido que los alumnos trajeran camisetas con dibujos violentos?" "Así es, pero hicieron una excepción porque la madre de Santiago se puso muy enojada cuando no lo dejaban entrar. Ya sabes cómo se pone." "Pues yo no estoy de acuerdo, todos coludos o todos rabones, ¡voy a hablar con la directora!"

Por darle gusto a uno se queda mal con otro. Pues cuando se transgrede algún acuerdo y no se aplica el reglamento por querer evitar un conflicto, la escuela muestra debilidad y falta de carácter. Un colegio sin políticas claras basadas en sus principios termina siendo una institución que está controlada por los caprichos de los padres. Debo aclarar, caprichos cambiantes de los padres que nunca estarán satisfechos, pues cuando complaces a uno molestas a otro.

Una manera de disminuir (observa que no dije eliminar) estos conflictos es tener un reglamento claro que los padres firmen al inscribir al hijo. Claro que en ese momento, con tal de que el hijo sea aceptado, muchos hacen caso omiso de los "detalles" con los que no están de acuerdo. Una vez que se inicia el curso surgen las desavenencias.

"Sí, yo sé que el reglamento dice que la entrada es a las **8:00** y se me hizo un poco tarde, yo creo que un poco de flexibilidad ¡no estaría mal!", grita la madre encolerizada. "¡¿Qué quiere que haga con mi hijo?!"

Desgraciadamente esta flexibilidad puede traer problemas con los padres permisivos que continuamente encuentran razones para romper el reglamento. Si los dejas un día llegar tarde, tendrás que seguir haciendo excepciones pues continuarán teniendo circunstancias que los "obligan" a llegar tarde.

Cuando inicié un preescolar y tratando de cuidar que el niño pequeño tuviera el tiempo para desayunar con calma, quise tener un horario flexible de ingreso. Pero una madre llegaba diario a las 10:00 y fue por ella que terminé fijando una hora de entrada sin excepciones. Hay personas que no tienen límites y por ellas la flexibilidad no funciona. En estos casos es necesario sacrificar esa flexibilidad en aras del orden importante para el buen funcionamiento de cualquier escuela.

Como con los alumnos, los padres necesitan consecuencias claras que se cumplan. *Entre más clara y congruente es una escuela, menos problemas tendrá con los padres.* Por eso algunos padres que en una escuela alternativa son una pesadilla, en una escuela tradicional *se cuadran*. Obedecen y ya, pues saben que no hay de otra. Estos padres son inmaduros y buscan ser tratados como niños. Por eso una escuela que es estricta fácilmente los mete en cintura.

## Cuando el maestro tiene mala relación con los padres

El problema de conflictos que no se resuelven entre el maestro y el padre de familia es que el alumno sufre las consecuencias, pues especialmente cuando es pequeño, tiene un sentido de lealtad que se ve comprometido. El niño quiere a ambos, al padre y al maestro. Cuando hay problemas entre ellos se siente jaloneado y tiene que elegir con quién aliarse. Al igual que un niño que cuando se pelean los padres piensa que tiene que tomar lado, cuando hay conflictos entre la madre y el maestro, el alumno escoge invariablemente a la madre, pues es con ella que está su primera lealtad.

Es terrible poner al niño en esta disyuntiva de ¡tener que escoger a quién querer!

> "Yo no sé cómo tu madre puede ser ¡tan descuidada! Mira nomás cómo vienes vestido y ¡estás todo sucio!", se queja la maestra de maternal al recibir a su alumno en el salón de clases.

El maestro deberá cuidar lo que dice de la madre frente al niño porque lo pone en aprietos. Haga lo que haga, su madre es su madre y criticarla lo obliga a querer defenderla. No nos sorprenda que el niño ahora se comporte mal con la maestra. Cuando hace un berrinche sin palabras la está rechazando para serle fiel a la madre.

Si por el contrario, el niño se siente desleal hacia los padres se sentirá culpable y buscará castigarse, golpeándose, cayéndose con frecuencia, enfermándose o sufriendo accidentes.

> "Ayer me dejaron plantados tu padres para la cita que teníamos. Pero, bueno, en realidad lo que me hubiera sorprendido hubiera sido que se presentaran, ¡eso sí que hubiera sido un milagro!", dice la maestra en tono sarcástico a su alumno de sexto grado que está reprobando.

Cuando un maestro acusa o se burla de la madre, el alumno lo resiente aunque no tenga la mejor de las relaciones con ella. Sea como sea de todas formas es su madre. No le queda más remedio que detestar a la maestra y hacer todo lo posible por molestarla. En vez de poner atención en su clase y cooperar, reprobará y se comportará mal para vengarse.

Hagan lo que hagan los padres de familia, los maestros tienen que guardarse sus comentarios y ser muy discretos. Lo que se comenta entre maestros y directivos debe permanecer confidencial para proteger al alumno, que no es responsable de la conducta de sus padres.

En conclusión, para que una escuela sea exitosa es necesario que tenga una buena relación con los padres de familia, lo cual implica que:

- Hay apertura para dialogar.
- Hay confianza.
- Se enfrentan los conflictos.
- Están conscientes de que lo más importante es el hijo/alumno.

Cuando estos cuatro elementos están presentes, la escuela y los padres están al servicio del hijo/alumno y lo acompañan de la mejor manera en su proceso de maduración.

# Capítulo 9

# Unas palabras a los directores... y también a los maestros

## Los maestros: el corazón de la escuela

Los maestros son el corazón de una escuela. No las instalaciones, ni la mesa directiva, ni los padres de familia, sino los maestros. Un equipo fuerte de maestros comprometidos hace que una escuela sea sólida y exitosa. Pero depende del director formarlos y preocuparse por sus intereses para lograr esa cohesión. Si los maestros tienen responsabilidad, el director tiene aún más pues depende de su liderazgo qué maestros atrae y conserva y cómo se consolida la escuela. Su congruencia, compromiso e integridad se verán reflejados en el alma del colegio, de la misma manera que su debilidad, falta de valores y falta de carácter.

> "Cómo me gustaría, Rosi, que la escuela pudiera contratarte para dar cursos de capacitación a los maestros, desgraciadamente no hay presupuesto para eso", me confiesa la psicóloga de una renombrada escuela de la ciudad de México, mientras contemplábamos la construcción de su alberca olímpica.

Cuando las instalaciones son la prioridad de una escuela por encima de las necesidades de los maestros, esto se ve reflejado en el funcionamiento de toda la escuela. Su interés está en la construcción, el mobiliario y los programas, y el maestro pasa a un segundo término. La escuela, entonces, ahorrará a costillas de los maestros invirtiendo lo mínimo en capacitarlos y en sus honorarios porque todo lo demás es más importante. El maestro que trabaja en una escuela así se valora muy poco.

> "Tengo ya muchos años trabajando en esta escuela y no entiendo. Cada año hay más alumnos y se abren grupos nuevos, pero la directora dice que no alcanza para subirnos el sueldo."

Esta es una triste realidad. La escuela que sólo es una empresa que busca beneficiarse económicamente, sigue creciendo a expensas de los maestros, en vez de que se desarrolle en apoyo y en reconocimiento de su labor. Gracias a los maestros existe y florece y cuando esto no se valora, los buenos maestros que saben que merecen más se cambiarán de escuela. Los que permanecen continuarán quejándose pero finalmente se conformarán con ser menospreciados.

Toca al director y a los dueños de una escuela cambiar esta situación. Reconocer y apreciar la labor de los maestros, remunerándolos para que tengan una vida digna que corresponda a su compromiso y dedicación. Un maestro al que valoran y apoyan en su trabajo aportará algo muy distinto a sus alumnos, que uno que se siente utilizado y explotado. El cuerpo de maestros y los directivos deben ambos crecer y beneficiarse como un reflejo del empeño y la calidad de su trabajo.

Sí hay que impresionar a los padres de familia, pero con un cuerpo docente bien capacitado y dedicado a darles la mejor atención a sus hijos. Las instalaciones, la decoración y el material educativo son un complemento de lo que hace el maestro. Démosle su lugar para apoyarlo y ¡que recupere su dignidad!

# El director de escritorio

"Me acaban de despedir. Daba una clase de deporte en una escuela privada una vez a la semana y unos alumnos se quejaron de que no les gustaba mi clase. El director me mandó llamar y le pedí que por favor viniera a observar mi clase pero nunca se presentó. ¿Cómo pudo saber que no era un buen maestro si nunca me vio dar una sola clase? ¿Con base en qué me dio de baja?"

Cuando el director conduce la escuela desde su escrito, da órdenes sin pararse de la silla y toma decisiones por comentarios de los alumnos o los padres, la escuela va a la deriva. Porque no puede atender las necesidades del colegio si las desconoce cuando sólo se deja llevar por los chismes o lo que le que le reportan sus subalternos.

Un verdadero director tiene que ser el más interesado en conocer de primera mano la calidad de sus maestros para saber cómo guiarlos. Necesita observar periódicamente sus clases, sin necesidad de avisar, para conocer sus aciertos y sus debilidades y que los comentarios de los padres no lo tomen por sorpresa.

"Estoy muy impresionada con el comentario de la Sra. Hanrath que vino a supervisar tu grupo. Parece que todos tus niños se portaron como verdaderos angelitos. ¿Cómo le hiciste? Porque sé que tienes algunos diablillos que te dan a veces mucha lata", comenta la guía que también tiene a su cargo un grupo de Casa de los Niños de una escuela Montessori. "No le digas a nadie, pero aprovechando que es diciembre y que la Sra. Hanrath se ve viejita, les dije a los niños que era la esposa de Santa Claus que venía a ver quiénes se portaban bien ¡para que les tocaran regalos en navidad!"

Muy ingeniosa, no cabe duda, pero perdió la oportunidad de que una persona con su experiencia pudiera darle una excelente asesoría con sus alumnos difíciles. Las observaciones de maestros experimentados son invaluables para obtener retroalimentación, pues no hay mejor manera de capacitar a un maestro que a través de la observación directa.

Cuando los padres se quejan de un maestro, el director debe siempre darle el beneficio de la duda. Estar de acuerdo automáticamente con el padre por quedar bien con él, es una gran injusticia para el maestro. Tampoco significa que el director deba defenderlo sin conocer todos los detalles de la situación.

La tarea del director, como lo dice su cargo, es guiar, orientar y servir de facilitador en las dificultades que puedan surgir entre el maestro y los padres de familia.

Su tarea no es:

- Complacer a los padres de familia por miedo a perderlos como clientes.

- Defender automáticamente ya sea al maestro o al padre de familia sin conocer la situación con todo detalle.

- Ser prepotente y aprovechar para humillar o tomar decisiones para su beneficio personal.

- Ignorar los problemas por temor a conflictos o enfrentamientos.

"¡Maestra, maestra, venga rápido! Gloria está tirada en el baño y se siente muy mal". Cuando la maestra llega se encuentra a la alumna drogada y averiguando descubre que uno de sus alumnos que no asiste regularmente a clases está vendiendo drogas en el plantel. Alarmada cita a sus padres con el director esperando que el alumno sea suspendido. Para su sorpresa no ocurre nada, el muchacho continúa vendiendo drogas y los maestros que lo acusaron se andan cuidando las espaldas por miedo a sufrir represalias.

Habiéndose convertido en un secreto a voces, unas semanas después, una madre de familia le pregunta a la maestra cómo puede contactar al alumno para comprar un poco de mariguana, pues le dijeron que era muy buena para su madre que sufre de las articulaciones.

Este suceso ocurrió en una preparatoria de gobierno de las más reconocidas de la ciudad de Puebla.

Un director débil, complaciente o desinteresado debería ser removido de su puesto, ya que carece de liderazgo y su apatía, como en este caso, perjudica al colegio entero.

## El maestro necesita ser evaluado

Un maestro es incongruente cuando utiliza las evaluaciones para medir el avance de sus alumnos pero se niega a que lo evalúen. Aplica a los alumnos lo que por inseguridad se rehúsa a recibir. Todo maestro necesita, de una u otra forma, ser evaluado para mejorar. Sólo así puede el director proporcionar la capacitación que su cuerpo docente requiere.

Una evaluación es una herramienta de diagnóstico que no tiene la finalidad de amenazar, devaluar o humillar. Por el contrario, señala las áreas que necesitan atención para que el maestro sea efectivo en beneficio de los alumnos.

Un buen maestro que quiere superarse está abierto a recibir retroalimentación, en cambio, uno que se niega a ser evaluado es un mal maestro que teme ser descubierto. Quiere quedarse estancado y se conforma con tal de no perder su trabajo. Se oculta bajo el manto de organizaciones que dicen defender sus derechos, cuando en realidad, no quiere crecer.

Siendo directora de escuela cada año había un periodo de observaciones en donde los maestros tenían la oportunidad de observarse enseñando unos a otros. Esta apertura permitía un intercambio muy rico entre colegas resultando en lineamientos claros para mejorar.

Es labor del director crear un ambiente de cordialidad entre sus maestros para que se apoyen y se animen unos a otros para avanzar.

Si temes ser evaluado, reflexiona y pregúntate:

- ¿De dónde surge ese miedo?
- ¿Qué memorias inconscientes despierta?

Porque ninguno tuvimos una infancia perfecta. Todos guardamos miedos de nuestra niñez donde fuimos expuestos, ridiculizados, o humillados. ¿Quizás en algún momento sufriste burlas, fuiste puesto en evidencia o hasta te acosaron? Y ahora que te piden que seas evaluado, estos recuerdos que habían permanecido adormecidos, surgen de tu subconsciente y te sientes inseguro. No entiendes porqué pero el hecho de ser evaluado te parece amenazante y te resistes.

Esta resistencia tiene una función positiva: defenderte para no volver a repetir esas situaciones dolorosas de la infancia. Pero date cuenta que en el caso de ser evaluado como maestro, este peligro es inexistente porque la evaluación no persigue denigrarte o exponerte, sino ayudarte para que mejores. Esta evaluación es un medio para que puedas transcender tus limitaciones y progreses. Por lo tanto, es imperante que venzas tu resistencia afrontando tu miedo, para que reconozcas que *ser evaluado sólo puede beneficiarte.*

## Cuando se tiene que despedir a un maestro

No todas las personas tienen vocación de maestros. Tener vocación implica que el maestro tiene un sincero interés en ayudar a la juventud y está dispuesto a esforzarse para desarrollar las habilidades necesarias a través de la capacitación y la evaluación, tanto en conocimientos como en la práctica. Ambos elementos son indispensables, porque si, por un lado tiene el don natural para estar frente a un grupo de alumnos, pero no tiene los conocimientos y no está interesado en capacitarse, no puede ser un buen maestro. Por el otro lado, si se prepara y tiene el conocimiento pero no tiene las habilidades para transmitirlo, tampoco puede enseñar.

Toca al director observar al maestro para evaluar sus capacidades y determinar qué ayuda necesita. Si el maestro está interesado en mejorar, la ayuda del director es invaluable, pues puede guiarlo para que se convierta no sólo en un buen maestro, sino en un ¡excelente maestro!

Pero si el maestro no está interesado en mejorar o se niega a ser evaluado pues está ahí por el sueldo o mientras consigue algo mejor, corresponde al director asegurarse de que se retire. Mantener a un maestro en estas condiciones es una pérdida de tiempo para los alumnos y una irresponsabilidad por parte de la dirección.

Las siguientes son algunas razones equivocadas para mantener a un maestro en un colegio cuando *no da el ancho:*

- El querer darle otra oportunidad cuando claramente no tiene interés y no mejora. En mi experiencia, el maestro que en el transcurso de un año escolar no muestra mejoría, ya no la mostró en los siguientes años.

- Por miedo a no encontrar un mejor sustituto. Pensar que ante la escasez de buenos maestros, *más vale malo por conocido que bueno por conocer,* denota cobardía y falta de confianza por parte de la dirección.

- Si es popular, por el miedo a la confrontación con los padres o los alumnos. Ambos pueden querer al maestro por las razones equivocadas: los padres por seductor y simpático y los alumnos si es su cuate o los deja hacer lo que quieren.

- Por razones de amistad o parentesco. Mantener a un mal maestro por estas razones denota falta de honestidad e integridad.

Pero ¿qué pasa con el maestro que es muy efectivo para enseñar y los alumnos aprenden pero es autoritario y los lastima?

> "Sí, señora, yo entiendo su queja. Efectivamente la maestra Delfina es algo ruda y a veces se le pasa la mano, pero no me puede negar que es una excelente maestra y ¡mire cuánto aprenden! Por eso hay padres que se pelean porque sus hijos estén con ella. Créame que ¡vale la pena!"

Me pregunto, ¿vale la pena para quién? ¿Para el alumno que es denigrado y lastimado en aras de tener muchos conocimientos? Estas razones eran válidas hace unas décadas cuando pensaban que el fin justificaba los medios, pero ahora esto es inadmisible. Si el maestro no está dispuesto a cambiar la forma de enseñar y aprende a respetar a sus alumnos, deberá ser retirado. *El que sea bueno para transmitir conocimientos y habilidades no justifica que pueda maltratar a sus alumnos.* Si no quiere esforzarse para crecer y transcender sus limitaciones, que se dedique a otro trabajo donde no haga daño.

> Un maestro casado cuya esposa trabajaba en el preescolar tuvo un amorío con otra maestra de la primaria. Por su falta de discreción se hizo del conocimiento no sólo del personal sino también de los padres de familia. La dirección les llamó la atención pero no los despidió. Unos años después ese mismo maestro fue sorprendido haciéndole un fraude a la escuela.

Esta escuela se hubiera evitado muchos dolores de cabeza si hubiera tenido el valor de tomar la decisión que correspondía a la falta valores de estos maestros. Indudablemente que es más fácil continuar con el cuerpo docente con el que ya se cuenta, a tener que movilizarse para buscar personal nuevo. Pero cuando una escuela conserva a malos maestros por comodidad, repercutirá en la calidad y finalmente en la reputación de la escuela.

El director necesita el valor para tomar estas decisiones e implementar lo que es mejor para la institución. ¿Es desagradable despedir a un maestro? ¡Muy desagradable! En algunos casos hasta doloroso cuando hay una relación personal. Pero *los intereses de los alumnos tienen siempre que estar por encima de todo.*

## Los maestros como padres de familia

*Candil de la calle y oscuridad de su casa...* ¿Se habrá inventado este dicho para los maestros que tienen hijos? En mi experiencia el maestro puede ser excelente en su trabajo como maestro, pero eso de ninguna manera quiere decir que también será bueno como padre o madre. Con sus alumnos puede ser estricta y darse a respetar y como madre ser consentidora y ciega para reconocer las limitaciones del hijo. Puede ser muy clara para hablar con los padres de sus alumnos cuando presentan alguna dificultad y estar en completa negación ante los problemas de su propio hijo. Esta situación se vuelve muy delicada cuando un colega necesita abordarlo para que coopere. Jugar los dos papeles en un mismo colegio, el de maestro y padre, es complicado.

Recuerdo que siendo coordinadora de escuela un día cité a una reunión a todos los hijos de los maestros, los míos incluidos, desde los más pequeñitos en maternal hasta los de sexto de primaria. Todos me miraban con ojos sorprendidos cuando les dije: "Quiero que sepan que si piensan que por ser hijos de maestros tienen privilegios por encima de los demás, están muy pero muuuy equivocados. Ustedes son exactamente iguales a cualquier otro alumno en esta escuela. El hecho de que se queden más tarde porque sus madres son maestras y tienen pendientes que atender, eso no les da el derecho a hacer lo que quieren y mucho menos a desobedecer o faltarle al respeto a algún intendente. ¿Queda esto bien entendido?"

Siempre tuve muy claro que el peor daño que les podía hacer a mis hijos era darles privilegios por mi posición. Por lo tanto, siempre insistí que se les tratara como a cualquier otro alumno y si se tenía que escoger entre ser demasiado suaves o demasiado estrictos, prefería lo segundo. Cuando un alumno se da cuenta de que se le favorece porque quieren quedar bien con sus padres, aprende a ser aprovechado y oportunista. Se siente especial en el mal sentido de la palabra, exento de tener que acatar las reglas *de los demás mortales*. ¡No hay peor manera de prepararlos para la vida!

Es importante que los maestros traten a estos alumnos sin distinción y sean objetivos en sus evaluaciones, sin el temor a molestar a sus colegas. Si un maestro no puede manejar esta situación, corresponde al director decidir si es mejor que este alumno cambie de escuela donde la madre no sea parte del cuerpo docente.

Otra situación común es que los maestros se enfrasquen de tal manera en su trabajo que no tengan tiempo para sus hijos. Esta contradicción es verdaderamente lamentable, pues tienen tiempo para educar a los hijos ajenos y ¡sacrifican los propios!

El director tiene que tomar esto en cuenta cuando programe actividades y les pida que se presenten en las tardes o los fines de semana.

En una escuela privada del Distrito Federal escuché: "Tenemos que estar antes de las 8:00 a.m. y como nos encargamos además de las clases extra de la tarde salimos entre 6:00 y 7:00 p.m. todos los días. Ahora nos están pidiendo que asistamos los sábados. Además ahora las vacaciones son más cortas para que nos ocupemos de la escuela de verano, así que creo que en total nos queda libre una semana."

Me pregunto sobre la calidad de estas maestras, que por miedo a no encontrar otro trabajo aceptan esta situación. Pero lo mismo se aplica al maestro de doble turno. ¿A qué hora preparan sus clases? Esto es sencillo de contestar, no las preparan, llegan agotados a sus casas, en el caso de las mujeres, a limpiar, dar de cenar y acostar a los hijos para volver a iniciar lo mismo el día siguiente. Es humanamente imposible pedir que estos maestros ofrezcan algo mejor a sus alumnos.

Dando una conferencia a los maestros de un sector de la SEP en el estado de Morelos, me sorprendió cuántas maestras que sin haber iniciado el curso, se quedaban dormidas en sus asientos. Investigando descubrí que tenían dobles turnos, hijos y seguramente un marido que no les ayuda. Rompe el corazón ver estas situaciones, que nos corresponde ¡cambiar!

## El maestro necesita sus vacaciones

Si queremos buenos maestros, necesitan descansar. Trabajar con niños ¡es agotador! Y si algún padre de familia lo duda, invítenlo una semana a dar clases para que tenga la experiencia de lo que es estar frente a un grupo de niños que demandan su atención a cada instante. Les aseguro que no vuelve a quejarse.

Cometen un grave error las personas que toman decisiones en una oficina, sin jamás haber estado frente a una clase, que piensan que ser maestro es como cualquier otra profesión donde pueden seguir trabajando sin interrupción el año entero. No comprenden que los alumnos drenan su energía y que cuando no tiene vacaciones y no se recupera, poco a poco se va desgastando, hasta que se enferma o se tiene que retirar. Habría que preguntarles, ¿les gustaría ser alumnos de un maestro agotado, irritable, impaciente y malhumorado?

Corresponde al director velar por la salud física y emocional de sus maestros para que tengan la energía y el gusto de estar frente a sus estudiantes.

"Perdón, pero ¿porqué no están los alumnos en clase?", pregunta un visitante en una escuela pública. "Es que es la hora del desayuno."

"Pero estos niños no están desayunando." "Ah, es que cuesta $5.00 y no lo pueden pagar, pero los maestros sí están desayunando."

"Hazte guaje y no toques la campana, así podemos platicar otro ratito", le dice una maestra a otra en el recreo.

Cuando digo que los maestros merecen sus vacaciones, me refiero a los maestros que son responsables y ponen todo su esfuerzo para cumplir con su trabajo. No me refiero a aquellos que están ahí por pasar el rato, toman el menor pretexto para dejar solos a los alumnos o están más interesados en hacer política que en enseñar. Estas personas deberían dedicarse a otra cosa pues afectan negativamente tanto a los alumnos como a la reputación de los que sí son maestros dedicados.

## El director, clave importante de una escuela

Ser director es una gran responsabilidad pues de él depende que la institución sea una escuela más o una escuela excepcional con una visión amplia para apreciar tanto las necesidades de los alumnos como las de los maestros. Un director consciente guía y dirige con mano suave pero firme y no compromete su integridad por quedar bien. Tiene autoridad pero jamás se aprovecha de su posición, sino que alienta y apoya a los maestros para dar lo mejor de ellos mismos. Enfrenta los conflictos y reconoce en los errores, oportunidades para una mayor comprensión y crecimiento. Escucha y facilita el diálogo entre los padres y los maestros para que no pierdan de vista el mayor y mejor bien para los alumnos. Se exige a sí mismo pero es compasivo y paciente con los demás.

¿Cualquiera puede ser director? No, no cualquiera. Se requiere entereza y un fuerte deseo de servir a los demás mediante su liderazgo.

# Capítulo 10

# Hacia una nueva educación

## Una educación sin corazón

Comparte con tristeza una maestra jubilada: *"Me hubiese sido muy difícil no abrazar a un niño cuando por primera vez me leía un renglón corrido o no secar sus lágrimas cuando se caía o no despedir a cada uno con un beso para luego sentir mi cachete todo enmielado… no, no habría podido trabajar sin tener contacto físico con ellos por la amenaza de ser demandada por tocarlos, como le sucede ahora a mis compañeros".*

Los tiempos han cambiado. Esto es indudable. Por querer proteger a los niños nos estamos deshumanizando. Nos apartamos del niño pequeño que necesita ser acogido para sentir nuestro afecto y nuestro calor. Que depende de este contacto del maestro para sentirse aceptado y querido. Y todo por miedo.

Nos hemos convertido en una sociedad dominada por el miedo. Los medios de comunicación con sus noticias alarmantes nos han contagiado y por querer curarnos en salud y prevenir males mayores, sacrificamos las necesidades emocionales más importantes de los niños. Por protegerlos estamos engendrando una sociedad fría, desvinculada y desconectada.

Sufrimos de miopía, cuando tomamos decisiones para atender lo inmediato pero sin tomar en cuenta los efectos a largo plazo. Es así como nos olvidamos del futuro.

La solución ante la pedofilia no es aislar a los niños de sus maestros. Es bien sabido que donde más ocurre es en el seno de la familia misma, con los padres, hermanos y familiares cercanos. Por lo tanto, la prevención tiene que ser creando conciencia de sus efectos devastadores, enseñando a los niños que merecen respeto y que pueden poner límites, así como dándoles la confianza para que puedan denunciar estos abusos.

Esto es muy distinto a separarlos de sus maestros y personas que los aprecian para volverlos desconfiados y temerosos. Tomar estas medidas drásticas muestra inmadurez y falta de reflexión por parte de nuestra sociedad.

Muchos programas escolares son fríos, importados de otros países que nada tienen que ver con nuestra idiosincrasia y su cometido es sólo enseñar habilidades o transmitir información. Pero se nos olvida nuestra tarea más importante: formar a la juventud. Algunas escuelas tratan de compensar con clases de valores, pero muchas veces sin el debido trabajo personal con los maestros. ¿Qué sentido tiene hablar de valores si no se practican? ¿De qué sirve que un maestro hable de responsabilidad si llega tarde?, ¿qué hable de respeto si se burla de sus alumnos?, ¿qué hable de la importancia de obedecer el reglamento y él come en clase, checa sus correos o habla por el celular?

> "Por cada palabra altisonante que digan tendrán que pagar $10.00 y al final del año escolar con ese dinero compraremos pizzas para el grupo", anuncia el maestro de primero de secundaria.
>
> A fin de año, cuál no sería la sorpresa de dos alumnos que encontraron al maestro tomando el dinero ¡para su uso personal!

El castigo que impuso este maestro da un mensaje equivocado. Si se está juntando dinero para algo que deleita a los alumnos, puede parecerles una causa muy justa contribuir cuando dicen groserías. Pero este grupo de alumnos debe de haber sufrido una gran decepción de tener frente a ellos a un adulto sin integridad, que dice una cosa y hace otra. Los alumnos le pierden el respeto al maestro deshonesto, dejan de confiar y sienten rabia. ¿Acaso podemos culparlos? Muchas veces nos quejamos de la rebeldía del adolescente, pero dejamos de ver cuántas veces está justificada si está rodeado de adultos deshonestos y faltos de integridad.

"Es una contradicción que yo los cuide durante el examen para que no copien cuando la materia que les imparto es Ética y valores. Así que yo les entregaré sus hojas y me retiraré del salón. Estaré afuera en el piso de abajo y me daré unas vueltas por si necesitan hacerme alguna pregunta o se les ofrece algo. Por lo demás están bajo su responsabilidad", le dice la maestra a sus alumnos de primero de preparatoria.

Para su sorpresa, no escuchó un solo ruido en el salón y aunque salieron más bajos de calificación, los alumnos estaban orgullosos de la confianza que la maestra les había mostrado.

Los valores se tienen que vivir, enseñar a través del ejemplo. Si quiero que mis alumnos sean honestos, tengo que ser honesto y esperar lo mismo de ellos.

En la situación anterior, antes de iniciar el examen un alumno se acercó a la maestra y con cara compungida le dijo, *"Maestra, por favor no confíe en mí, porque ¡la voy a defraudar!"* A esto la maestra respondió: "Claro que confío en ti". El maestro que desconfía es porque duda del potencial del alumno y le hace daño. Todo alumno merece el regalo de confianza de su maestro. Cuando su maestro confía en él, el alumno se ve obligado a responder ante el compromiso de esa confianza. Es así como el maestro afecta la respuesta del alumno. Porque el niño no nace con confianza en sí mismo, es el adulto el que siembra el germen de esa confianza. Cuando un adulto confía, ese niño concluye: "Si mi maestro confía en mí, yo debo ser digno de confianza".

# Niños empoderados, adultos débiles

"Si no me lo compras, voy a denunciarte. ¡Voy a decir que me maltratas!" amenaza el niño de 5 años a su madre en la tienda.

Cuando la solución para proteger al niño es empoderarlo en una sociedad de adultos débiles y sin autoridad, nos encontramos con un verdadero problema. Estamos dando un fusil a un niño con el permiso de dispararle a lo que le disgusta. Niños manipuladores, caprichosos, muy inteligentes, astutos y demandantes, y... padres atemorizados.

Nos hemos dedicado ya varias generaciones a desarrollar la inteligencia de los niños, dando a esto la mayor importancia, sin equilibrarlo con el desarrollo emocional y moral. Si le agregamos a este desequilibrio en la educación, el empoderamiento del niño y la falta de autoridad del adulto, así como la influencia del galopante avance de la tecnología, tenemos en nuestras manos una bomba de tiempo.

La solución a los problemas que enfrentamos como sociedad, tiene que venir del adulto que necesita fortalecerse y ubicarse como tal. Que debe despertar y asumir su responsabilidad para enfrentar estas dificultades que son el resultado de su falta de asertividad y reflexión.

## ¡Me asusta la tecnología!

No hay vuelta de hoja. La tecnología está aquí para quedarse. Pero tenemos tres opciones:

* Dejar que la tecnología dirija nuestras vidas y convertirnos en sus víctimas.

* Esconder la cabeza como el avestruz y pretender que no existe.

* Conocerla y aprender a usarla responsablemente.

Algunos maestros optan por la segunda opción y se mantienen al margen con los aires de superioridad de una generación que quiere quedarse rezagada.

> "Yo no sé qué va a ser de estas generaciones enajenadas con la tecnología. Yo ni entiendo cómo funciona ni me interesa. Ya les dije que yo mejor a la antigüita: un lápiz y cuaderno y ¡se acabó!" le confiesa la maestra de secundaria a otra colega.

Cuando el maestro se declara incompetente y sólo condena la tecnología se pierde la posibilidad de hacer una conexión valiosa con sus alumnos. No hay manera más rápida de apartarte de ellos que condenar la tecnología. Si quieres ser una guía para sus vidas, interésate, aprende y mantente al tanto de los avances tecnológicos. Sólo así podrás proteger la inocencia del niño y cuidar al adolescente en su osadía. Mantenerte al margen cuando hay tantos riesgos para ellos es irresponsable.

> En una escuela reconocida en la ciudad de Puebla, una alumna de primero de secundaria, nada agraciada y que nunca había tenido novio, conoce a un hombre por Internet y empieza a presumirlo con sus compañeras como su novio. Unos meses después, pide permiso una tarde a su madre para ir al café Internet que quedaba a unas cuadras de su casa, pero nunca regresa. Los padres sumamente angustiados acuden al colegio y por sus compañeras se enteran del supuesto romance. El padre recuerda tener registrado el número telefónico por algunas veces que este hombre la llamó y trata de localizarlo rogándole que regrese a su hija. Varios días después le avisa que la puede recoger en la entrada de un almacén. Cuando acuden los padres encuentran que había sido violada.

Si bien existen muchas historias de terror, mi interés no es asustarlos, sino hacerles ver que la opción de ignorar la tecnología no es válida ni responsable. Quiero interesarlos en estar pendientes de sus alumnos, mantener una comunicación abierta y advertirles el peligro de dar sus datos y encontrarse con personas que conocen por Internet. El problema con nuestros niños y jóvenes es que crecen con la habilidad nata para manejar la tecnología pero eso no significa que conozcan o estén protegidos contra sus riesgos. Desgraciadamente nuestra sociedad confunde habilidad e inteligencia con madurez y juicio. Nuestra juventud tiene lo primero pero carece de lo segundo. Y si los maestros y padres de familia no ponemos los límites necesarios para resguardarlos, el peligro que corren es tremendo.

## Las redes sociales

El mayor cambio que estamos viviendo en las relaciones humanas es el intercambio que existe a través de las redes sociales. Revisemos algunos de sus efectos:

### El maestro pierde su lugar

Al contrario del maestro que no quiere saber nada de la tecnología, hay otros que participan gustosos en las redes sociales y se olvidan del lugar que ocupan como maestros.

> Un maestro apreciado por ser un buen profesor y muy popular, se hizo amigo de los amigos de su hijo. Cuando pusieron una foto en Facebook de cuatro jóvenes agachados mostrando las nalgas, el maestro le dio "me gusta".

El problema de que sea un maestro el que participe de esta forma en las redes sociales es que su comentario tiene un mayor impacto. Cuando un maestro dice a unos jóvenes que le gusta esta fotografía les está abriendo la puerta para que hagan cosas más arriesgadas. El papel del maestro no es el mismo del amigo o el cuate, y es importante que no lo olvide.

**Un maestro escribe el viernes en Facebook: "¡Hoy es día de chelas!"**

Es diferente hacer este comentario a un colega o amigo a publicarlo y que lo lean tus alumnos, ellos concluyen "Si para el maestro es viernes de chelas, para nosotros los jóvenes es viernes de drogas y destrampe". El adolescente está buscando cualquier pretexto para darse mayor licencia y cuando el maestro no cuida sus comentarios lo alienta a ser más libertino. ¡Créanme que no le hace falta!

No es conveniente que los maestros sean amigos de los alumnos en las redes sociales. El maestro es el maestro y debe conservar y cuidar su lugar como una persona con autoridad que puede guiarlo por su experiencia y madurez. Ser maestro, al igual que ser padre de familia, es un privilegio, ¿por qué preferir ser un amigo más cuando ya tienen tantos?

### El maestro está disponible las 24 horas

"Yo ya no tengo que preocuparme por la tarea porque mi maestro es muy buena onda y puedo pedírsela por Internet cuando quiera."

Cuando el maestro se conecta al Facebook, al chat o al correo electrónico y permite que los alumnos lo consulten hasta altas horas de la noche, se convierte en promotor de la permisividad que ya permea nuestro ambiente. El alumno entonces piensa que el maestro está a su disposición cuando quiere y que no tiene porqué esforzarse para poner atención en clase.

Es necesario poner un límite a los alumnos para que sean responsables y estén pendientes cuando haya tareas o se asignen trabajos. Pero este límite ¡lo marca el maestro!

### Adiós al sentido de intimidad

Las redes sociales han acabado con el sentido de lo privado al exponer lo más íntimo de la persona y volverlo del dominio público. Pero ¿qué ocurre cuando se exhiben de esa manera jóvenes aún inmaduros porque no han completado su proceso de desarrollo? Pues que se incrementa el riesgo de ser lastimados por personas con pocos valores éticos. Están a merced de quién sea y el peligro que corren es inmenso.

El pudor en el ser humano tiene una función. Ayuda a resguardar la intimidad de la persona. A protegerla para mostrarse hasta que esté lista, en el momento adecuado y con personas de confianza. Cuando muchachas y jovencitos se exhiben desnudos o teniendo sexo y ni siquiera son mayores de edad, pierden esta protección. No sienten pudor porque lo han perdido, de la misma forma que el niño pequeño pierde su inocencia.

Por el riesgo tan grande que está corriendo nuestra juventud, los maestros tenemos que esforzarnos para estar al corriente con lo que ocurre en las redes sociales y los avances tecnológicos. ¿Nos asusta? Claro que sí, esto es inevitable.

"Pedro, perdón, ¿me puedes enseñar a bajar esta aplicación del Internet?...No, por favor, no lo hagas tan rápido, quiero aprender para poder hacerlo sola la próxima vez… ¡más despacio por favor!"

Es inútil, no insistas, no puede hacerlo más despacio. Es como si te piden que te subas a una bicicleta y pedalees muy pero muy despacio. Y en la pequeña sonrisa que esbozan se puede apreciar el placer que les produce ¡ver nuestra ineptitud e impotencia! Creo que aquí pagamos los momentos de impaciencia que tuvimos cuando eran pequeños y ¡no se podían vestir o amarrar las agujetas!

## Un mundo cambiante

Siempre hemos vivido en un mundo cambiante, pero nunca con cambios que se suceden tan rápido. Las nuevas generaciones han nacido en este ritmo acelerado y se adaptan con facilidad a esta velocidad vertiginosa. Pero para las generaciones viejas… esto es un verdadero reto.

Para el buen maestro, la opción de quedarse atrás, rezagado, no existe. Si quiere guiar a sus alumnos, tiene que caminar por delante, con una actitud abierta y un pensamiento flexible y maleable pero anclado en sus principios y sus valores. Porque ser abierto y flexible no quiere decir perderse en lo nuevo sin la debida reflexión. Tampoco quiere decir aceptar o promover lo que no ha sido revisado con detenimiento. Tanto peca el que se queda atrasado como el que se deja llevar por la corriente sin la debida deliberación.

Cuando, tratando de ser muy modernos, instalamos programas para niños pequeños sólo para estar a la moda o los adelantamos sin tomar en cuenta las necesidades propias de su etapa de desarrollo, cosechamos las consecuencias en la primaria cuando presentan problemas emocionales, físicos o de desarrollo. Los programas tecnológicos que pueden ser maravillosos para los alumnos de secundaria hacen daño a un niño de preescolar, que en vez de conocer el mundo en una pantalla, necesita experimentarlo de manera directa. Este niño necesita moverse, jugar y estar en contacto con la naturaleza en vez de estar sentado con la mirada fija frente a un aparato tecnológico. Es más cómodo para el educador y el padre, ¡por supuesto que sí!

Viajando observé la siguiente situación:

> "A ver… todos sentados, este verde es tuyo, el rojo es tuyo, a ti te toca el azul y el amarillo es para ti", decía la madre mientras repartía los cuatro iPads a sus hijos pequeños que, por supuesto, no molestaron durante todo el trayecto en avión.

Adormecemos a los niños y no causan problemas, pero el precio a largo plazo es muy alto. Por otro lado, el adolescente que está toda la tarde en Internet y se relaciona horas a través de un aparato, ¿qué experiencia realmente tiene cuando trata de entablar una relación personal de forma directa? Porque el contacto por Internet se presta para vivir fantasías que nada tienen que ver con la realidad.

> "Conocí a un chavo muy buena onda que quiere conmigo. Nos escribimos todo el tiempo...", presume Isela que nunca ha tenido novio. "Les voy a enseñar su foto... está muy guapo ¿verdad?"

¿Existe este muchacho? ¿Es realmente así de guapo? o ¿es sólo una fantasía que esta chica se ha creado para sentirse aceptada por sus compañeras?

Cuando entramos en contacto con una persona físicamente, la percibimos con todos nuestros sentidos. Así la evaluamos y decidimos si es una persona confiable y si estamos interesados en tener un mayor acercamiento. Cuando esta percepción para descifrar a las personas está más desarrollada decimos que esa persona es astuta o lista y cuando no, ingenua o crédula. El problema con las redes sociales es que no percibimos a la persona de esta manera y es muy fácil que nos engañen. Si esto le sucede a un sin número de adultos, imaginemos el riesgo para adolescentes inmaduros y sin experiencia.

> Hace ya varios años acudió a mí una madre angustiada porque su hijo había conocido a un hombre por Internet de 28 años que lo había citado para conocerlo. "Mi hijo está convencido de que es gay pero sólo tiene 12 años y quiere ir a la cita. ¿Qué hago?", me preguntó muy angustiada la madre.

Desgraciadamente este es el riesgo que corren los jóvenes cuando entran a Internet y son presas fáciles de adultos que se aprovechan de su candidez. Les hemos abierto la puerta y los hemos dejado solos para arreglárselas con sus recursos limitados y sin la experiencia para saber cómo defenderse.

# La tecnología y la precocidad sexual

Otro de los peligros relacionados con la tecnología es el acceso a contenidos de tipo sexual cuyas consecuencias quedan claramente resumidas en la investigación realizada por la empresa Asesoría Educativa y Prevención, SA de CV que me gustaría citar:

Estar en contacto con material sexual, desde información inadecuada (ya sea por edad, etapa de vida o desarrollo cognitivo) hasta pornografía, puede generar situaciones adversas o una sobreestimulación en el desarrollo psicosexual de la persona. Los grupos más susceptibles son los niños y los adolescentes, puesto que no poseen la capacidad física ni mental para comprender dichos estímulos, por lo que corren el riesgo de formarse ideas erróneas, distorsionadas e irreales con respecto a la vivencia sexual. Podrían llegar a entender el sexo como un acto exagerado de dominación sobre la mujer, de promiscuidad, de afición a las parafilias o como un acto sin consecuencias, sin compromiso y sin un vínculo afectivo de por medio. A su vez, puede conllevar a actos autoeróticos compulsivos y a una adicción a la pornografía.

Observar compulsivamente pornografía crea una adicción mucho más difícil de vencer que la adicción a las drogas. La mayoría de los niños y niñas expuestos a material pornográfico por Internet son niños solitarios con dificultades para entablar y mantener relaciones con sus iguales, que descuidan sus deberes y muestran una falta de motivación para estudiar o realizar sus actividades recreativas predilectas. Pueden tener sentimientos de culpa, baja autoestima y retraimiento social, situaciones que pueden ir empeorando en la adolescencia, pues se crean un parámetro carente de valores ante su propia vivencia sexual.

Se ha observado que los usuarios de pornografía, tras muchos años de consumo, terminan por desensibilizar la respuesta natural de su cerebro a la estimulación sexual. Por otro lado, la exposición a formas violentas de pornografía, puede llevar a actitudes y comportamientos antisociales y los adolescentes varones tienden a ser más agresivos hacia las mujeres y menos sensibles al dolor o los sentimientos de la pareja.

Si esto no nos convence del cuidado que debemos tener con la juventud en relación al uso de la tecnología, entonces ¿qué más nos podría impresionar?

Pero el problema no es la tecnología, sino la irresponsabilidad de los adultos que hemos desatendido a los hijos para que se las arreglen solos. Toca a los maestros despertar y ayudar a los padres a poner límites que los protejan. Estar al día y tener una comunicación abierta para enseñarles cuándo corren peligro. Poner un límite al número de horas que chatean por Internet y estar pendientes sobre el contenido de lo que observan. No permitir que contesten sus celulares a la hora de la comida o en momentos importantes de convivencia. ¿Es trabajo? Sí, sí lo es.

## El uso de celulares

"No llores, mi hijito, ya te enseñé a llamarme por el celular que está en tu mochila ¡me puedes llamar cuando quieras!", consuela la madre a su hijo de tres años en la puerta del maternal.

Sí, leyó bien. ¡De tres años y con celular! Debo agregar que esto ocurrió hace ya una década… Me pregunto qué no estará ocurriendo ahora.

Los celulares han invadido nuestros hogares, nuestros círculos sociales y… nuestros salones de clases. Son las pequeñas computadoras portátiles sin las cuales ya nadie concibe vivir.

Dice una directora de preparatoria: "Para mí que esta situación ya nos rebasó. Intentamos quitarles los celulares antes de iniciar los exámenes pero resulta que ahora traen dos, uno que entregan y otro que se guardan. ¡Ya no sabemos qué hacer!"

Pero hay directores que sí tienen el valor de poner límites claros para restringir el uso de los celulares, como nos comenta la directora de la Comunidad Educativa Hanrath de Aguascalientes:

"No entiendo porqué la mayoría de la escuelas permiten el uso de celulares por medio de los cuales los alumnos se distraen, interrumpen las clases y hacen trampa. En nuestra escuela está establecido en el reglamento que si un alumno trae un celular, se le retirará y se depositará en la oficina, para que los padres lo recojan a la salida. Si reincide, el celular se quedará en el colegio hasta el fin del ciclo escolar. Los padres y los alumnos aceptan esto y ¡se cumple!"

"Hacemos excepciones con los alumnos de secundaria que por situaciones personales requieren un celular, por ejemplo, porque se van a casa en transporte público o llegan a casa antes que sus padres que están trabajando. Entonces depositan el celular a la hora de entrada con la tutora, previa autorización de los padres y lo recogen al salir".

"Si sólo supieran otras escuelas lo maravilloso que es enseñar ¡libres de estos aparatos!"

"Josué, tienes promedio de diez en tus calificaciones de matemáticas, así que no nos sorprende que te haya ido tan bien en el examen final. Lo que sí nos llama la atención es que Rocío, tu novia, haya hecho un examen igualito al tuyo, cuando estaba reprobando. Fíjate, que interesante, copió la gráfica pero ¡al revés!" comenta la maestra de preparatoria".

El muchacho tuvo que reconocer que le había mandado las respuestas por celular.

"¿Qué aprendiste hoy en la escuela, hijo?" pregunta interesada la madre a su llegada del colegio. "A susurrar sin mover los labios."[4]

Siempre ha habido alumnos astutos que saben pillar al maestro, que se las ingenian para copiar y sacar mejores calificaciones que las que merecen. Pero el uso de la tecnología está poniendo retos cada vez más difíciles a los maestros. Esto quiere decir, que entre más listo el alumno, ¡más astuto tendrá que ser el maestro!

## Preparándolos para un mundo nuevo

El lamento de un maestro:

> *"¿Por qué se copian programas de otros países y sexenio tras sexenio se desechan porque a los nuevos secretarios de educación ya no les parece lo anterior...? Quitan y ponen sin tomar en cuenta al maestro de grupo que es la base de la educación."*

Si continuamos por este camino seguiremos rezagados pues un país que no tiene un buen sistema de educación y maestros preparados no tiene posibilidades de avanzar. El creciente impacto de los medios y la tecnología están afectando cómo aprenden los jóvenes y cómo se relacionan entre sí y con el mundo. Por lo tanto, tenemos que educar a la juventud de una forma muy distinta de cómo se educó a las generaciones anteriores.

El experto en educación Tony Wagner recomienda en su libro *The Global Achievement Gap* siete habilidades de supervivencia que necesitan desarrollar los jóvenes para participar con éxito en este mundo cambiante, que a continuación resumo:

---

[4] Adaptado de Mildred Meiers y Jack Knapp *Teachers jokes, quotes, and anecdotes*, Andrews McMeel, Kansas City 2001.

1. *Pensamiento crítico y resolución de problemas*

Se trata de aprender a hacer las preguntas correctas para recibir la información necesaria. En vez de retener información, hay que explorar, en lugar de memorizar, debemos saber observar. Pensar de una manera menos lineal para conceptualizar y sintetizar la información. Aplicar conocimientos abstractos para encontrar soluciones alternas. Rodearse de personas con diferentes opiniones para encontrar la mejor solución. Poder trabajar en equipo y saber participar en una buena discusión para desarrollar el liderazgo en equipo.

2. *Conciencia global*

Se necesita para trabajar con fluidez en equipos de colaboración con personas de diferentes culturas. Saber influir para crear alianzas entre grupos que trabajan para alcanzar una misma meta.

3. *Agilidad y adaptabilidad*

Es importante la adaptación a los cambios, la apertura a nuevas ideas, nuevas situaciones y poder operar de maneras ambiguas e impredecibles.

4. *Iniciativa*

Se requiere empuje para buscar nuevas oportunidades, nuevas ideas y estrategias de mejoramiento; fomentar que aprenda a autodirigirse para encontrar soluciones creativas a problemas complejos y difíciles.

5. *Comunicación efectiva oral y escrita*

Es vital para ser claros y concisos. Desarrollar la habilidad para comunicar sus pensamientos de manera efectiva. (Esta es una de las habilidades de las cuales más carecen los jóvenes en la actualidad, pues les falta enfoque, energía y pasión para transmitir lo que quieren, y no tienen una verdadera voz.)

## 6. *Acceder y analizar información*

Además de saber sintetizar y reconocer los detalles que importan. (Como hay demasiada información y no saben procesarla efectivamente, tienden a paralizarse.)

## 7. *Curiosidad e imaginación*

Queremos que no sólo sean inteligentes sino también inquisitivos. Que sepan hacer las preguntas que importan.

Si resumimos estas habilidades veremos que competen a ambos hemisferios cerebrales:

*Del hemisferio izquierdo:* el pensamiento crítico, resolver problemas, acceder a la información y evaluarla.

*Del hemisferio derecho:* curiosidad, imaginación y creatividad.

Tony Wagner, en su extraordinario documental "El fenómeno finlandés, el sistema escolar más asombroso del mundo" (disponible en YouTube), investiga la educación del país que considera como *un laboratorio para el siglo XXI de innovación educativa,* pues Finlandia es el país con los más altos estándares de calidad a nivel mundial en sus niveles de educación. Es el número uno en casi todos los sistemas de clasificación y sus profesores son profesionistas respetados que ganan un sueldo promedio y tienen un sindicato fuerte.

¿Qué hace que se distinga este sistema escolar? Revisemos sus bases:

**Los maestros**

- Sólo los estudiantes del más alto nivel se vuelven maestros. De 1,600 aspirantes se acepta 10%.

- Todo maestro debe hacer una maestría.

- El maestro se capacita observando a su profesor y con la evaluación crítica de su propia práctica. Esto los prepara efectivamente para ingresar en el aula listos para atraer a los estudiantes.

- El entrenamiento es muy riguroso y rara vez se necesita despedir a alguien.

- Cualquier maestro puede entrar y observar cualquier clase, y hay mucha retroalimentación. Se capacita mediante la observación.

- Se espera que el maestro sea un innovador todos los días en su salón de clases.

- Tienen muy pocas directrices curriculares con plena posibilidad de ser adaptadas localmente.

- No tienen inspectores pues trabajan dentro de un sistema de confianza.

"El sistema ahí es altamente selectivo para contratar maestros y los mejores eligen esta profesión no por la paga, sino por el atractivo de los incentivos y el ambiente de trabajo. Finlandia se apoya en las mentes de la profesión para desarrollar el sistema, en lugar de pensar en los maestros como obreros..."

ANDREAS SCHLEICHER, SUBDIRECTOR DE EDUCACIÓN
EN LA OCDE DESDE FEBRERO DEL 2012

## El alumno
- Se le anima a preguntar.

- Se le enseña a pensar (no a repetir) y a estar conectado con lo que aprende.

- Se hace hincapié en la comprensión y la resolución de problemas.

## Las clases
- Es la misma educación para todos.

- El niño inicia la primaria hasta los 7 años.

- *Menos es más,* son menos clases pero más largas, para profundizar en el tema.

- Tienen el mismo maestro varios años en la primaria.

- Tienen muy pocas evaluaciones hasta la preparatoria.

- Tienen muy poca tarea (en preparatoria 3-4 horas por semana) y ¡no se revisa! Tienen un sistema de confianza donde se espera que el alumno cumpla con su responsabilidad.

- En una clase, la participación del alumno es de 60% y la del maestro de sólo 40%.

- 45% de los alumnos eligen carreras técnicas y tienen asegurado el trabajo al terminar la preparatoria, lo cual reduce la deserción escolar. Se dignifica tanto el trabajo académico como el técnico.

- Los grupos son pequeños para permitir una mayor interacción y atención individualizada.

- Disfrutan tres meses de vacaciones.

**La educación**
- Aprender es sagrado.

- La educación es relajada y casual.

- La meta es que los egresados puedan competir a nivel mundial.

- Las experiencias reales, los conceptos reflexivos y las artes están integradas en el currículo.

- Alienta la iniciativa permitiendo que los maestro desarrollen sus propios planes de estudio.

- Fomenta la investigación y el desarrollo de nuevas tecnologías.

- Está basada en la confianza. El gobierno confía en que los maestros harán su mayor esfuerzo por capacitarse y atender de la mejor manera a sus alumnos y los maestros confían en que sus estudiantes serán responsables.

Al leer esto quizá pienses que en lugar de un documental es una película de ciencia ficción. Porque, ¿cómo pueden emerger jóvenes preparados, altamente calificados para ingresar en un mundo competitivo de un ambiente educativo relajado, con poca tarea, pocas evaluaciones, pocas clases, y tres largos meses de vacaciones? ¿Será esto una fantasía?

No, es una realidad. Existe un país donde la educación toma en cuenta las necesidades de las distintas etapas de crecimiento: no se presiona al niño pequeño que ingresa a la primaria hasta los 7 años cumplidos. Los mejores docentes se sitúan en los primeros años de enseñanza, la primaria, donde se aprenden los fundamentos de todos los aprendizajes posteriores. Se considera que cerca de los 7 años el niño realiza algunas de las conexiones mentales fundamentales y, por lo tanto, se considera esencial seleccionar con cuidado a quien ayudará en este proceso.

En este país encajan y funcionan de forma coordinada tres estructuras en apoyo a la juventud: la familia, la escuela y los recursos socioculturales (bibliotecas, ludotecas, cines...). Los padres de familia tienen la convicción de ser los primeros responsables de la educación de sus hijos y complementan el esfuerzo que se hace en el colegio. Los maestros están bien pagados y son profesionistas reconocidos que aman su trabajo.

Al ver este documental sentí la emoción de reconocer algo que contiene una verdad fundamental: es posible crear una sociedad donde todos seamos tratados con dignidad; donde la educación se base en el respeto a las necesidades del alumno, que es alentado a disfrutar el estudio con la seguridad de que cuando salga de la escuela tendrá algo positivo que contribuir a la sociedad; donde los padres están orgullosos del privilegio de educar a sus hijos y asumen su responsabilidad; donde los maestros se reconocen como la clave para formar a las siguientes generaciones y se esfuerzan para capacitarse para estar a la altura de lo que este sistema exige de ellos.

Pero te escucho decir: "Date cuenta de que Finlandia es un país muy distinto y que, por lo tanto, nada de lo que hace se puede aplicar en el nuestro". Efectivamente, Finlandia tiene 5.4 millones de habitantes, un nivel socioeconómico muy elevado y está clasificado entre los 5 países menos corruptos del mundo. Pero esto no impide que puede aportarnos algo invaluable: una dirección hacia la cuál dirigirnos, que sirva como un faro que nos muestra el camino, un motivo de inspiración para tener la certidumbre de que es posible aspirar a algo mejor, que ayude a recuperar la esperanza de que este cambio está en nuestras manos.

Estamos en este momento caminando en la dirección opuesta, presionando cada vez más a nuestros alumnos con la esperanza de que si los atiborramos de conocimientos lo antes posible, serán más inteligentes y podrán competir a nivel internacional. Pensando que la solución es más días de clases, más tareas y menos vacaciones. Con maestros desalentados, mal capacitados y mal pagados, inconscientes de que están apoyados por sindicatos corruptos que sólo buscan el beneficio propio. Con padres de familia ausentes que entregan su responsabilidad a las escuelas y se lavan las manos en cuanto a tener que formar a sus hijos. Con una sociedad que dice estar de acuerdo en que la educación es muy importante pero no valora a sus maestros.

Tenemos una combinación fatal que se refleja en una sociedad enferma de materialismo, violencia y falta de valores. Despertemos para cambiar la dirección, nos lo debemos a nosotros mismos y a las generaciones que siguen. Poniéndolo en palabras del Dr. Rudolf Steiner:

> "No hemos de preguntarnos qué necesita saber y qué puede hacer el hombre para mantener el orden social establecido, sino, qué dones posee y cómo puede desarrollarlos. Así será posible aportar a

la sociedad nuevas fuerzas procedentes de las siguientes generaciones. Entonces, el orden social se conservará como un organismo vivo con las aportaciones de los individuos íntegros que se van sumando, en vez de hacer que las nuevas generaciones se conformen con el orden social ya establecido."

Para hacer realidad este cambio, necesitamos educar con un corazón libre de prejuicios, interesado en amar sin condiciones. Donde sea la compasión la que nos mueva a sanar las heridas de los que nos necesitan. Donde hagamos a un lado nuestros egoísmos para aportar lo mejor de nosotros mismos para darle a la juventud, como bien dice H. Carter, *raíces y alas para volar.*

Apremia que nuestro país cuente con maestros comprometidos, sensibles e interesados. Maestros con fortaleza, dispuestos a dar todo su esfuerzo para guiar a los alumnos en tiempos de grandes cambios, de incertidumbre y de confusión. Maestros respetuosos de la individualidad del alumno que ven más allá de sus limitaciones para contactar sus partes esenciales. Maestros conscientes, despiertos, dispuestos a seguir creciendo al lado de sus educandos.

Tú, maestro, puedes hacer esta diferencia.

# CONCLUSIÓN

No puedes ser un buen maestro si no es tu vocación. Requiere tanto estar frente a un grupo de alumnos que si no es tu vocación, te hartas y lo dejas o eres un maestro a medias. Soportas a tus alumnos porque no te queda de otra y ellos te aguantan porque no les queda de otra. ¡Un mal matrimonio!

Así que si no tienes la vocación, busca otro trabajo. Hazle un favor a tus alumnos y date un regalo a ti mismo. Encuentra algo que te satisfaga, donde te sientas realizado y deja de perder el tiempo en algo que no disfrutas, porque tu falta de amor al magisterio lastima a tus estudiantes.

Pero si es tu vocación, dale todo lo que tienes. Comprométete a dar lo mejor de ti mismo, sabiendo que será recibido por aquellos alumnos cuyos corazones tocas. La gratitud que esperas de ellos quizás no la recibas en el momento, pero quedará pendiente y, con el pasar de los años, cuando los veas convertidos en personas de bien, te sentirás muy satisfecho de saber que contribuiste a su desarrollo.

El mundo está urgido de maestros que se esfuercen por tener un impacto positivo en aquellos que apenas se están abriendo paso a la vida. De maestros con esperanza que quieren contribuir para transformar las cadenas de maltrato que se repiten siglo tras siglo. Maestros que se pregunten ¿por qué tiene que haber tanto dolor en el mundo?, ¿por qué tanto sufrimiento?, ¿por qué tanta violencia y maltrato?, que se atreven a decir ¡basta!

Maestros hartos de la tibieza, el conformismo y la mediocridad. Que hagan a un lado su mezquindad para atender desinteresadamente a sus alumnos. Maestros que amen la vida, que disfruten y gocen para contagiar a otros de su alegría de existir. Maestros interesados en seguir explorando su realidad, repletos de preguntas.

Para transformar el mundo hay que sembrar algo distinto en la juventud. Tenemos que conservar su asombro y su inocencia, avivar su curiosidad y sensibilizar sus corazones para que respondan con compasión y amor. Para que sean responsables de sus emociones y elijan no herir. Para que desarrollen un pensamiento flexible, maleable, abierto a nuevas posibilidades y nuevas soluciones. Para que tengan fortaleza, confianza en sí mismos y el valor para enfrentar los retos de la vida compleja que les espera.

¿Qué no puede transformarse con amor? ¿Qué no se doblega ante la compasión? ¿Qué no logra vencer un corazón generoso? ¿Qué no se consigue con determinación y confianza?

¿Es una tarea fácil? No, no lo es. Requiere enfoque, perseverancia, esfuerzo y mucha pero mucha paciencia. Te pide que te sostengas cuando te adormece la cotidianidad y recuerdes por qué estás frente a tus alumnos.

Ser maestro no es para todos. Pero si la vida te ha dado el regalo de esta vocación, ¡aprovéchala!

Ama tu trabajo, ama a tus alumnos y agradece la perfecta oportunidad que te da la vida para crecer y ser más cada vez que estés frente a ellos.

# BIBLIOGRAFÍA

Andere, Eduardo, *La educación en México, un fracaso monumental*, Planeta Mexicana, México, 2003.

Andere M. Eduardo, *Finlandia, el éxito en PISA y más allá comienza en primaria y más atrás*, Eduardo Andere, México, 2010.

Armstrong, Thomas, *Inteligencias Múltiples en el aula, guía práctica para educadores*, Paidos Ibérica, Barcelona, 2006.

Barocio, Rosa, *Disciplina con amor*, Pax-México, México, 2004.

_____, *Disciplina con amor para adolescentes*, Pax-México, México, 2008.

_____, *Conoce tu temperamento y mejora tus relaciones*, Pax-México, México, 2011.

_____, *Explora tus emociones para avanzar en la vida*, Pax-México, México, 2012.

Betancourt, Julián, *Atmósferas Creativas*, Manual Moderno, ebook, México, 2008.

Braiker, Harriet, *La enfermedad de complacer a los demás*, EDAF, España, 2000.

Bronson & Merryman, *Educar hoy*, Sirio, España, 2009.

Curwin, Richard L. and Allen N. Mendler, *Disciplina con dignidad*, ITESO, México, 2003.

Chávez, Martha Alicia, *Tu hijo, tu espejo, un libro para padres valientes*, Random House Mondadori, México, 2002.

Dreikurs, R. and V. Soltz, *Children: The Challenge*, Hawthorn, New York, 1961.

Dreikurs, R., *The Challenge of Parenthood*, Penguin Group, Nueva York, 1992.

Gang, Meyerhoff, Maver, *La educación de la conciencia, el puente hacia la libertad,* Errepar, Buenos Aires, 1997.

Gardner, Howard *Inteligencias múltiples: la teoría en la práctica.* Basic Books, Nueva York, 1992.

_____, *La mente no escolarizada:. Cómo piensan los niños y cómo deberían enseñar las escuelas,* Basic Books, Nueva York, 1991.

_____, *Inteligencia Reframed:. Inteligencias Múltiples para el siglo 21,* Basic Books, Nueva York, 2000.

_____, *La educación de la mente y el conocimiento de las disciplinas,* Paidos, Barcelona, 2013.

Gerber, Magda, *The RIE Manual,* Magda Gerber Editor, Resources for Infant Educarers, Los Angeles, Ca., 2000.

_____, *Dear Parent, Caring for Infants with respect,* Resources for Infant Educarers, Los Angeles, Ca., 1998.

Gerber Magda and Allison Johnson, *Your Self-Confident Baby*, John Wiley and Sons Inc., Los Angeles, Ca., 1998.

Ginott, Haim, *Teacher & Child, a Book for Parents and Teachers,* Macmillan, Nueva York, 1972.

Goleman, Daniel, *El cerebro y la inteligencia emocional, nuevos descubrimientos,* Ediciones B, Barcelona, 2012.

Hawk, Red, Hawk, Red, *Self Observation, the awakening of conscience, an owner's manual,* Hohm Press, Prescott AZ, 2009.

Healy, Jane M., *Endangered Minds,* Touchstone Books, Nueva York, 1990.

_____, *Your Child's Growing Mind,* Doubleday, Nueva York, 1987.

Isha, *¿Por qué caminar si puedes volar?,* Aguilar, México, 2008.

Katherine, Anne, *Boundaries, where you end and I begin*, MJF Books, Nueva York, 1991.

Klein, Allen, *Teacher Laughs, quips, quotes and anecdotes about the classroom,* Random House, New York, 2006.

Lozowick, Lee, *Conscious Parenting*, Hohm Press, Prescott AZ, 2010.

Martínez Zarandona, Irene, *Quién decide lo que ven tus niños,* Pax-México, México, 2002.

McGonical, Kelly, *Autocontrol,* Urano, España, 2012.

Mendoza, Brenda, *Bullying, Los múltiples rostros del acoso escolar,* Pax-México, México, 2012.

Neufeld, Gordon, *Regreso al vínculo familiar, protege a tus hijos,* Hara Press, México, 2008.

Payne, Kim John, *Simplicity Parenting, using the Extraordinary Power of Less to Raise Calmer, Happier, and More Secure Kids,* Ballantine Books, New York, 2009.

Phelan, Thomas W., *Self-Esteem Revolutions in Children, Understanding and Managing the Critical Transitions in Your Childs's Life,* Child Management Inc, Illinois, 1996.

Postman, Neil, *The end of education, Redefining the value of school,* Vintage Books, New York, 1995.

Regan Patrick, *Teachers, jokes, quotes, and anecdotes,* Andrews Mc-Meel Publishing, Kansas City, 2001.

SEP, *Manual para la convivencia escolar educación básica ,* PDF Internet, Puebla, 2012.

Wagner, Tony, *The Global Achievement Gap,* Basic Books, New York, 2010.

_____, *Creating Innovators, the making of Young People who will Change the World,* Scribner, New York, 2012.

## Documentales y películas

*La educación prohibida, un proyecto audiovisual para cambiar la educación* (Youtube) (2012)
Documental sobre la educación basada en entrevistas a educadores, profesionales, autores padres de familia de varios países que exponen la necesidad del crecimiento y surgimiento de nuevas formas de la educación.

*El fenómeno finlandés, el sistema escolar más asombroso del mundo* (Youtube) (2012)

Documental de 60 minutos que describe porqué Finlandia posee un sistema educativo que ha sido situado por más de una década como entre los mejores del mundo.

*Esperando a Superman* (2010)

Dirigida por Davis Guggenheim (ganador del Óscar por Una verdad inconveniente) y producida por Lesley Chilcott, se enfoca en los problemas del sistema educativo estadounidense, que es calificado por el director, el productor y Bill Gates como desastroso.

*De panzazo* (2012)

Documental mexicano creado por la iniciativa ciudadana Mexicanos Primero, dirigido por Juan Carlos Rulfo y coproducido por Carlos Loret de Mola.

# Anexo

Nombre y logo del colegio
Fecha

## CARTA COMPROMISO PARA LOS PADRES DE FAMILIA

La presente es una Carta Compromiso basada en las observaciones realizadas por los maestros(as) y personal administrativo, en las diferentes actividades del Colegio durante el presente ciclo escolar 20xx-20yy, así como las entrevistas realizadas con los padres de familia del alumno:

---

El propósito de la misma es dejar establecidos los requerimientos por los cuales los padres de familia del alumno deberán responder para que su hijo pueda estar en posibilidades de permanecer en esta institución el ciclo escolar 20xx-20yy:

1. Presentar constancia mensual escrita por parte de la(s) o lo(s) terapeutas que atienden a los padres de familia, de la asistencia regular a sus sesiones de apoyo. Esto, con el único propósito de validar su disposición personal para mejorar el ambiente familiar, que es la base de la educación del menor.

2. Presentar en la oficina administrativa de esta escuela sus solicitudes de información y entrevistas, las cuales deberán ser procesadas atendiendo a los criterios de tiempo y forma.

3. Por ningún motivo interrumpir con su presencia en el salón de clases de su hijo.

4. Abstenerse de involucrar a esta escuela en los procesos legales que han venido llevando a cabo y que han alterado el ambiente de respeto y cordialidad de esta institución.

La falta en el cumplimiento de alguno de los requerimientos señalados en la presente Carta Compromiso, traerá como consecuencia que se revalore la permanencia del alumno en esta escuela. Lo anterior en apego al derecho que como institución de educación privada nos asiste de brindar o suspender el servicio.

Atentamente:

DIRECTORA

TESTIGO                                        TESTIGO

PADRE DEL ALUMNO                    MADRE DEL ALUMNO

# COMPENDIO DE AFIRMACIONES

- *Hago a un lado mi comodidad para elegir lo que es mejor para mi alumno.*
- *Me detengo para estar presente y contactar las necesidades de mis alumnos.*
- *Suelto mi prisa para relajarme e interesarme en mis alumnos.*
- *Tomo el tiempo para disfrutar y gozar mi trabajo.*
- *Ser un buen maestro es mi prioridad.*
- *Yo aporto algo único y diferente a mis alumnos.*
- *Valoro y aprecio lo que aporto a mis alumnos.*
- *Cada escuela contribuye algo distinto y único para el beneficio de la juventud.*
- *Aprecio lo que otras escuelas aportan a sus estudiantes.*
- *Yo merezco respeto.*
- *Nadie tiene derecho a abusar de mi.*
- *No permito que nadie me falte al respeto.*
- *Yo tengo la fuerza y la habilidad para defenderme.*
- *Yo pongo límites claros cuando alguien me falta al respeto.*
- *Afronto mis miedos para crecer y avanzar.*
- *Conocer mis limitaciones me permite mejorar.*
- *Entre más conozco mis limitaciones, mejor maestro soy.*
- *Suelto mi resistencia a ser evaluado para conocer y trascender mis limitaciones.*

# Acerca de la autora

Rosa Barocio es una conferencista internacional que se interesa y profundiza en temas relacionados con la educación y el desarrollo humano. Es Licenciada en Educación Preescolar, diplomada en Educación Montessori y en Educación Waldorf.

Es maestra y madre de dos hijos; tiene más de treinta años de experiencia trabajando con niños, capacitando maestros, dirigiendo y asesorando escuelas y orientando a padres de familia.

Actualmente radica en Puebla y se dedica a impartir conferencias y talleres en diversas instituciones educativas y empresas en México y en el extranjero.

Ha publicado cuatro libros más en esta casa editorial, *Disciplina con amor* que es un bestseller, *Disciplina con amor para adolescentes, Disciplina con amor tu temperamento,* (en la edición anterior *Conocer tu temperamento mejora tus relaciones*) y *Disciplina con amor tus emociones* (en la edición anterior *Explora tus emociones para avanzar en la vida*).

Para contactarla:

www.rosabarocio.com
oficina@rosabarocio.com

Esta obra se terminó de imprimir
en abril de 2019, en los Talleres de

*IREMA, S.A. de C.V.*
*Oculistas No. 43, Col. Sifón*
*09400, Iztapalapa, D.F.*

COLECCIÓN
**DISCIPLINA CON AMOR**
DE ROSA BAROCIO

COLECCIÓN
**DISCIPLINA CON AMOR**
DE ROSA BAROCIO